切って冷凍、
あとはチン

冷凍コンテナ幼児食

子どものごはん
もう大丈夫！

1歳半～

時短料理研究家
ろこ

家の光協会

はじめに

こんにちは！　時短料理研究家のろこです。

離乳食を卒業し、幼児食を食べるようになると、
量も回数も増えて負担がグッと重くなります。
心も体も成長する時期だから栄養バランスよく作りたいし、
内臓が未発達だから大人とは違うやさしい味つけにしたい。
でも、慌ただしい毎日の中で
時間をかけて毎食手作りするのは大変ですよね？

そこで考案したのが「冷凍コンテナ幼児食」です。

火を一切使わず、準備は材料を詰めるだけ。
1回の電子レンジ加熱で
1種の主菜と2種の副菜が同時に作れる
栄養たっぷりごはんです。

本書で紹介するレシピは私自身の子育て経験と、
訪問調理先でリピートしてもらった自信作ばかり。
試行錯誤を繰り返してようやく、この107品にたどりつきました。

1コンテナ1食完結だから作りすぎの心配もなく、
副菜は自在に変更OK。
ばっか食べや食わず嫌いなど
この時期特有の偏食にも対応できます。
食材を冷凍することにより
野菜の苦みが軽減され食べやすくなるメリットも！
市販のものと違って
おうちで使っている調味料で作れるので安心安全です。

電子レンジ加熱時には調理器具も使わないから
洗い物もほとんどありません。

「冷凍コンテナ幼児食」で
幼児食に対するハードルが下がること間違いなし！
この本が皆様のお役に立てることを願っています。

ろこ

＼主菜1品と副菜2品が同時に／

超時短！ 超手間いらず！

STEP 1 → 詰めて

火を一切使わず
切って詰めるだけ！

子どもの
好みに合わせて
副菜は入れ替え可能

まずは、1つのコンテナとシリコンカップ2つを用意。それぞれに食材を切って、調味料を加えて詰めるだけ。加熱も一切必要なく、肉や魚などタンパク質がとれる主菜1種と、野菜がメインの副菜2種の準備が完了です！

STEP 2 → 冷凍して

冷凍中は
味が染み込む
魔法の時間

1カ月保存
可能！

できあがった「冷凍コンテナ幼児食」は、ふたをして冷凍庫で約1カ月保存可能（ひき肉使用の場合は2週間）。冷凍下味効果のおかげで食材に調味料が染み込み、味わい深く！ 調味料控えめでも、子どもの食が進みます。

冷凍コンテナ幼児食

STEP 3

レンチン！

4〜6分で
できたて幼児食を
食卓に出せる

子どもが笑顔になる
ふっくら
やさしい味わい

たった4分の加熱（※一部5、6分加熱のメニューあり）で3品ができあがる画期的な幼児食！ 焦がしたり生焼けの心配もなく、料理苦手さんも失敗知らず。蒸すように加熱するから、子どもも噛み切りやすい柔らかさに仕上がります。

できあがり！

コンテナをそのまま
器代わりにしても
OK!

ごはん OR パン
と一緒に召し上がれ

「冷凍コンテナ幼児食」は忙しいパパ

救世主!

洗い物が少ないから時短になる

冷凍できて耐熱性のあるコンテナ1つとシリコンカップ2つを使って作ります。食べる時も器代わりとして使えて、一石二鳥。フライパンも鍋も使わないから、洗い物が驚くほど少なくてすみます。

使用したのはコレ！

コンテナ（長方形浅底タイプ）

内容量　480ml

※ドラッグストアやスーパーで購入可

シリコンカップ（スクエア型）

※100円ショップで購入可

救世主!

離乳食卒業後から使える鉄板レシピばかり

訪問調理師としてのべ600件以上の実績があり、幼児食作りにも定評があるろこさん。実際に訪問先の子どもから「おかわり！」の声が届いた、リピメニューばかりをピックアップしました。

とママの救世主！

慌ただしい時に メニューに悩まない

一度に3品できて栄養バランスも抜群。付け合わせに悩む必要もありません。P94、95の写真付き一覧表をチェックして、子どもと一緒に今日のごはんを決めるのもおすすめです。

救世主!
副菜1
主菜
副菜2

ばっか食べ& 食わず嫌いにも対応

副菜の入ったコンテナはすべて4分加熱のため、お気に入りの副菜と変更可能。「子どものばっか食べや食わず嫌いで作った料理が無駄に…」。そんな幼児食あるあるを簡単に解決できます。

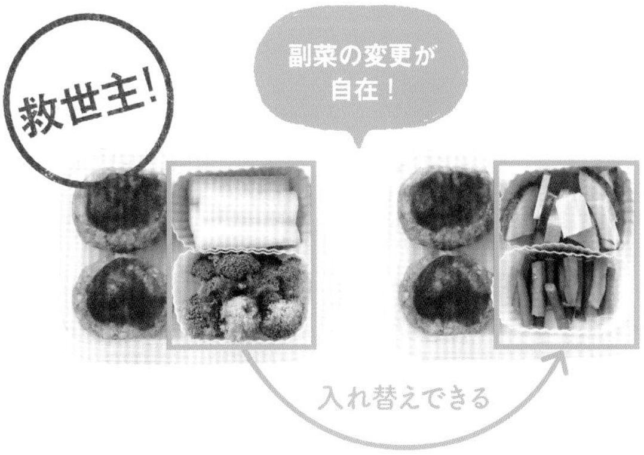
救世主!
副菜の変更が
自在！
入れ替えできる

火を使わないから 安全&失敗しづらい

火を使わず、切って入れるだけの簡単調理だから、誰が作ってもできあがりは同じ味わい！ 余った食材を使って、家事の合間や夕食の準備のついでに作れる手軽さも魅力です。

救世主!

調味料ちょい足しで 大人用にも対応

「冷凍コンテナ幼児食」は大人が食べても満足できるおいしさ。少し味が薄いと感じたらお好みの調味料をちょい足し。洋風メニューには塩こしょうや洋風スープの素を、和風メニューには塩かしょうゆを加えるのがおすすめです。

洋風メニューには
塩こしょうを加えて
救世主!

\「冷凍コンテナ幼児食」を/

おいしく食べるための

1 分量や切り方はなるべく正確に

3品が同じ加熱時間で仕上がるよう、何度も試作を繰り返し、分量や切り方を工夫して制作しています。おいしく作るため最初はレシピ通りに、慣れてきたら徐々にアレンジを加えて。

2 主菜はコンテナに平らに敷き詰める

主菜である肉や魚は、できるだけ重ならないように平らに敷き詰めます。熱の通りが均一になり、加熱ムラが生じにくくなります。

3 副菜の葉物はシリコンカップに立てる

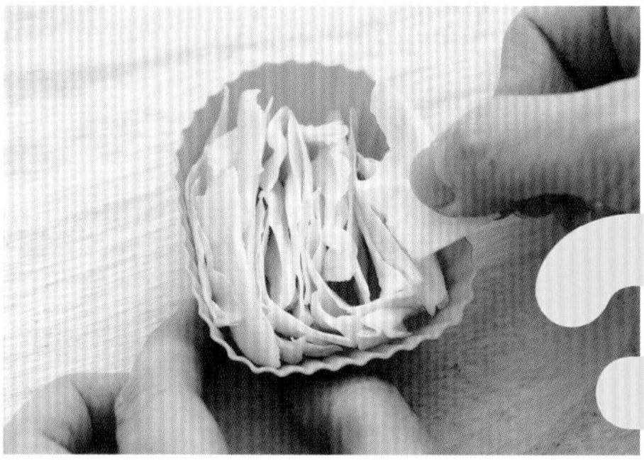

キャベツや小松菜などの葉物野菜は、加熱するとかさがグッと減ります。立ててシリコンカップに入れるとたくさんの量を詰めることができ、調味料も全体に行き渡ります。

4

コンテナのふたに
メニュー名と加熱時間をメモ

コンテナのふたにメニュー名、作成日、加熱時間をメモ。いちいち中身を確認せずに食べたいものがパッと取り出せます。テープを使用する際は、加熱時にはがしましょう。

5

レンチン時ふたは
クロスにのせる

加熱時はふたをクロスにのせて蒸気の逃げ道を作りましょう。ふたをしたままだと、中身が破裂してしまうことも！　ふた代わりにラップを使う場合は、ふんわりとかけましょう。

簡単 セブンルール

6

レンチン後、調味料と
食材をすぐになじませる

加熱後の余熱を使い、調味料が食材になじむように絡めます。特に麺類やごはんものは念入りに。調味料が全体に行き渡るように底から混ぜ合わせると、おいしく仕上がります。

7

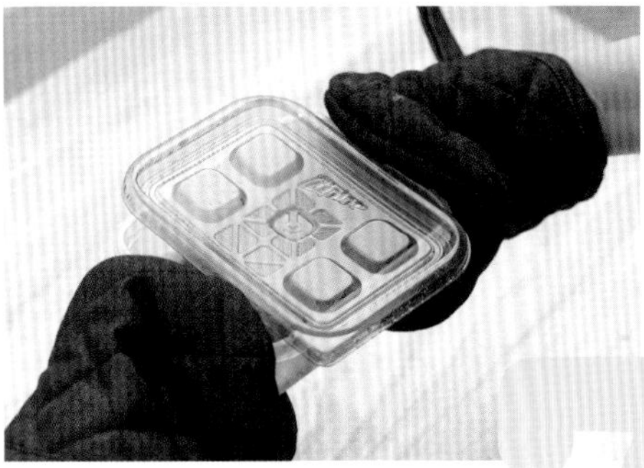

レンチン後
キチンと冷ます

できあがりは容器も料理もアツアツ！　電子レンジから取り出す際は、必ずミトンを使用しましょう。コンテナのまま食卓へ出す時は、子どもがやけどしないよう人肌程度に冷まして。

CONTENTS

PART 1 週末にさっと作れる 3days 絶品メニュー

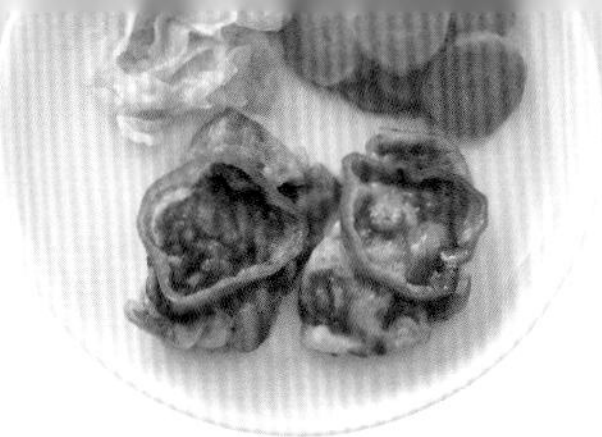

PART 2 コスパよし味よし！ リピ確定の鶏肉メニュー

PART 3 旨みたっぷり 無敵の豚肉メニュー

PART 4 野菜もたっぷりとれる お役立ち牛肉メニュー

PART 5 栄養豊富で食べやすい おかわり必至の魚メニュー

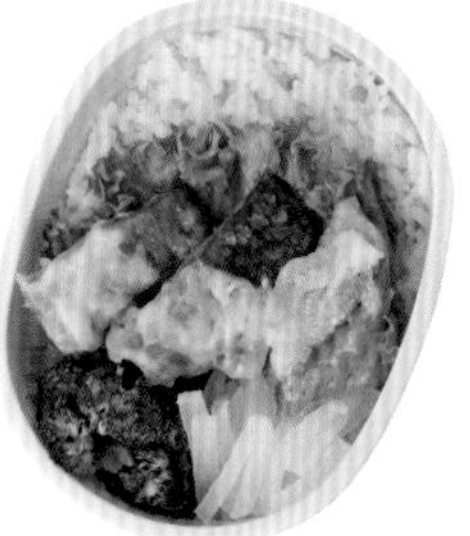

PART 6

いざという時のお役立ち

ごはん・麺の単品完結メニュー

本書の見方

レシピ表記について

●調味料の分量は大さじ1＝15mℓ、小さじ＝5mℓで計算しています。また、「1つまみ」は親指、人差し指、中指の3本の指でつまんだ分量、「少々」は親指、人差し指の2本の指でつまんだ分量です。
●野菜の下ごしらえについて記述を省略していることがあります（洗う、皮をむく、ヘタを取るなど）。

食物アレルギー等について

●食物アレルギーの可能性がある場合は、医師に相談の上、調理してください。
●本書は離乳食を卒業した1歳半からの子どもを対象にしています。個人差がありますので、食材の大きさや味つけなどは様子を見ながら調整してください。

電子レンジ調理について

●本書ではフラットタイプの電子レンジを使用して、レシピ制作をしています。
●電子レンジでの調理では、突然沸騰する可能性があります。やけどには十分にご注意ください。
●電子レンジの加熱時間は600Wを基準にしています。機種に応じて差が生じる場合がありますので、微調整してください。500Wの場合は1.2倍、700Wの場合は0.85倍を目安に加減してください。

電子レンジのワット数と加熱時間について

	600W（本書使用）	500W	700W
下記以外のメニュー	4分	4分50秒	3分20秒
うどんメニュー	5分	6分	4分20秒
パスタメニュー	6分	7分10秒	5分10秒

保存について

●保存のさいは、清潔なコンテナを使い、清潔な手や箸で詰めてください。
●保存期間は目安です。
●一度解凍したものの再冷凍は厳禁です。
●冷凍したコンテナは解凍せず、そのまま電子レンジで調理してください。
●本書では、冷凍可能かつ耐熱性もある容量480mℓの長方形コンテナ（縦117mm×横156mm×高さ53mm）を使用しています。

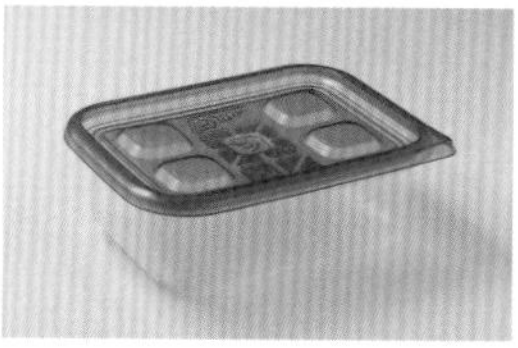

PART
1

週末にさっと作れる

3days
絶品メニュー

昼と夜の3日分、計6食の幼児食作りに〝材料使い切り〟で挑戦。
主菜1種と副菜2種が同時にできる4食分と1品完結の2食分が
材料をコンテナに詰めるだけで完成します。
少しの時間で作れる手軽さとストックがある幸せを
思う存分体感してください。

使う材料はコレだけ！

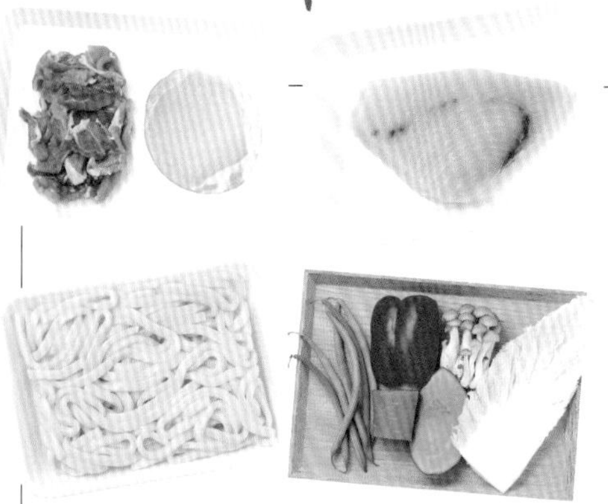

火を使わず詰めるだけ！

昼と夜3日分！

		1日目	
		昼 	夜 
主菜	豚こま切れ肉…130g	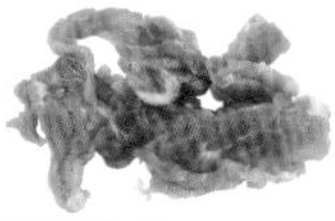 50g	
	ハム…1枚（10g）		
	メカジキ…1切れ（100g）		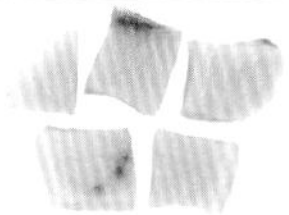 50g
副菜	ゆでうどん…1玉		
	かぼちゃ…60g		
	にんじん…50g		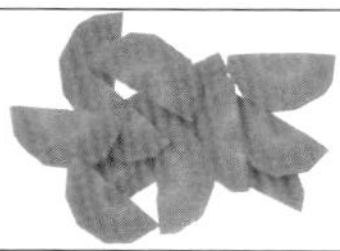 20g
	赤パプリカ…¼個（40g）		
	しめじ…40g	 20g	
	白菜…40g	10g	 20g
	さやいんげん…6本（30g）	 4本分	

計6食分の幼児食作りにトライ！

	2日目		3日目	
	昼 	夜 	昼 	夜 
		 50g		 30g
	 10g			
			 50g	
	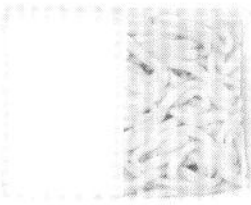 ½玉			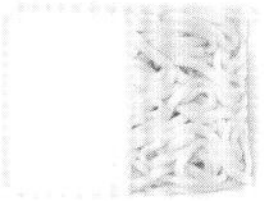 ½玉
		 30g	 30g	
		 20g		 10g
	 20g		 20g	
		 20g		
				 10g
	 2本分			

1日目 昼

豚肉の甘みそ炒め
しめじのバターしょうゆ
さやいんげんのマヨごま和え

600W
4分

冷凍下味効果で
調味料控えめでも
しっかり味に。

材料

主菜 豚肉の甘みそ炒め

豚こま切れ肉…50g
白菜…10g
片栗粉…小さじ1/2

A
- みりん…小さじ1
- 砂糖…小さじ1/2
- みそ…小さじ1/3
- すりおろしニンニク…少々

副菜1 しめじのバターしょうゆ

しめじ…20g
しょうゆ…2滴
バター…3g

副菜2 さやいんげんのマヨごま和え

さやいんげん…4本(20g)

B
- マヨネーズ…小さじ1
- 白すりごま…小さじ1/3

STEP 1 詰める

主菜

豚肉の甘みそ炒め

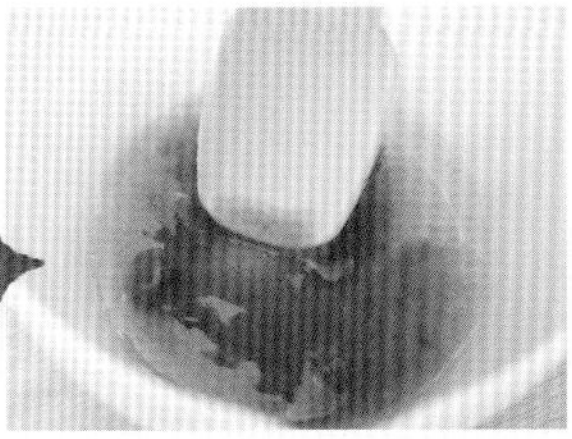

白菜は1㎝幅に切り、豚肉は片栗粉をまぶしてコンテナに入れる。混ぜ合わせたAをかける。

加熱後ダマにならないよう、先にしっかり混ぜる。

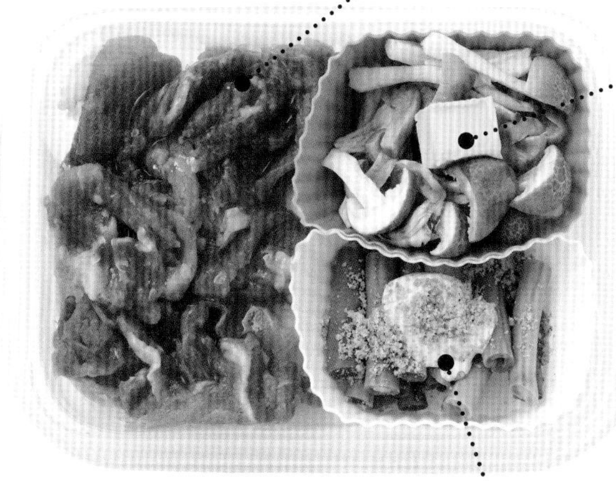

副菜1

しめじのバターしょうゆ

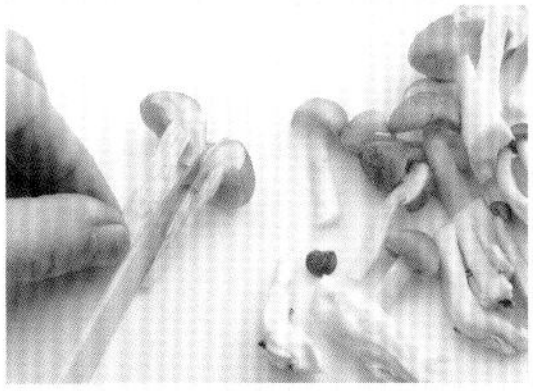

しめじは小房に分けてカップに入れる。しょうゆをかけて、バターをのせる。

傘が大きいしめじは半分にカットして食べやすく。

副菜2

さやいんげんのマヨごま和え

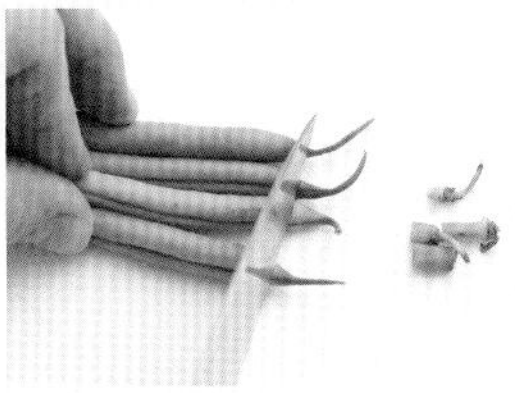

さやいんげんの端を取り、2㎝長さに切って、カップに入れる。Bをかける。

STEP 2 冷凍する

30日保存OK

冷凍後

STEP 3 レンチン

ふたをクロスにして
600W4分加熱

1日目 夜

メカジキの磯辺焼き
白菜のめんつゆバター
にんじんのだししょうゆ

600W
4分

青のりと
ほんの少しのニンニクで
食欲増し増し!

材料

主菜 メカジキの磯辺焼き

メカジキ…50g
青のり・片栗粉…各小さじ1/2
A ごま油…小さじ1/2
A 塩…1つまみ
A すりおろしニンニク…少々

副菜1 白菜のめんつゆバター

白菜…20g
めんつゆ（3倍濃縮）…2滴
バター…3g

副菜2 にんじんのだししょうゆ

にんじん…20g
B 酒・みりん…各小さじ1/2
B しょうゆ…2滴
B 和風だしの素（顆粒）…1つまみ

STEP 1 詰める

主菜

メカジキの磯辺焼き

手づかみ食べしやすい大きさにカット。

メカジキは塩（分量外）をふって5分ほど置き、水で洗い流し水気を拭く。2㎝幅の角切りにして、青のりと片栗粉をまぶす。重ならないようにコンテナに入れ、**A**をかける。

副菜1

白菜のめんつゆバター

立てて詰める

白菜は1㎝幅に切って、カップに入れる。めんつゆをかけ、バターをのせる。

葉物野菜は立てて詰めるとたくさん入る。

STEP 2 冷凍する

30日保存OK

冷凍後

副菜2

にんじんのだししょうゆ

にんじんは薄い半月切りにしてカップに入れる。**B**をかける。

風味づけで数滴垂らす時はスポイトが便利。

STEP 3 レンチン

ふたをクロスにして
600W4分加熱

2日目 昼

チーズ クリームうどん

600W 5分

加熱後混ぜる

子どもが大好きな
うどんを洋風に。
彩り野菜で
見た目も楽しく。

材料

チーズクリームうどん

ゆでうどん…½玉（90〜100g）
ハム…1枚（10g）
さやいんげん…2本（10g）
赤パプリカ…⅛個（20g）
クリームチーズ…10g
A［牛乳…大さじ4
　洋風スープの素（顆粒）…1つまみ

1 うどんは1〜2㎝長さに切ってコンテナに入れ、Aをかける。
2 さやいんげんは1㎝長さ、赤パプリカとハムは1㎝角に切ってのせる。
3 クリームチーズをのせる。

クリームチーズのとろみが、全体をまとめる。

STEP 1 詰める

↓

STEP 2 冷凍する

30日保存OK

冷凍後

↓

STEP 3 レンチン

ふたをクロスにして600W5分加熱
加熱後混ぜる

COLUMN

あると幼児食作りがさらに簡単に！
ろこ愛用の調理グッズ

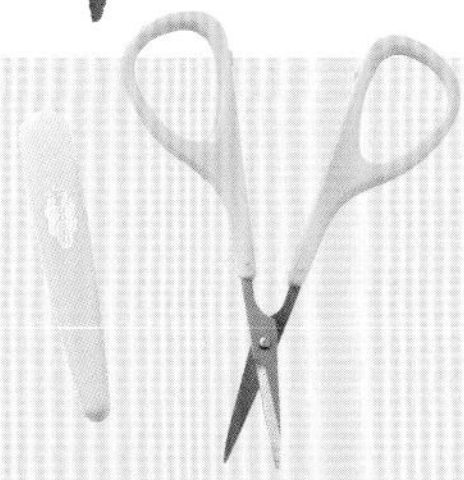

食品用スポイト

幼児食は薄味のため、調味料は風味づけ程度。スポイトを使うとドバッと出ることがなく、微調整が可能です。100円ショップで数個入りを購入。

骨抜き

魚料理はSTEP1の加熱前の状態で骨抜きをします。箸だと身まで取れてしまいますが、骨抜きを使うとスーッと簡単に取れます。

海苔切り用はさみ

ベビーフード用のはさみと共に常備している海苔切り用。海苔でいろんな模様を作ってごはんにのせるだけで、子どものテンションがアップします。

2日目 夜

中華ポーク
にんじんのメープルごま和え
かぼちゃのおかか煮

600W
4分

レンチン調理で
柔らかく食べやすい。
焼き過ぎの心配もなし。

材料

主菜 **中華ポーク**

豚こま切れ肉…50g
しめじ…20g
片栗粉…小さじ1/2
A
- みりん…小さじ1
- しょうゆ・ごま油…各小さじ1/2
- オイスターソース…小さじ1/3

副菜1 **にんじんのメープルごま和え**

にんじん…20g
B
- メープルシロップ…小さじ1/2
- しょうゆ…3滴
- 黒いりごま…少々

副菜2 **かぼちゃのおかか煮**

かぼちゃ…30g
かつおぶし…1つまみ
C
- 水…小さじ2
- めんつゆ（3倍濃縮）…小さじ1/2

STEP 1 詰める

主菜

中華ポーク

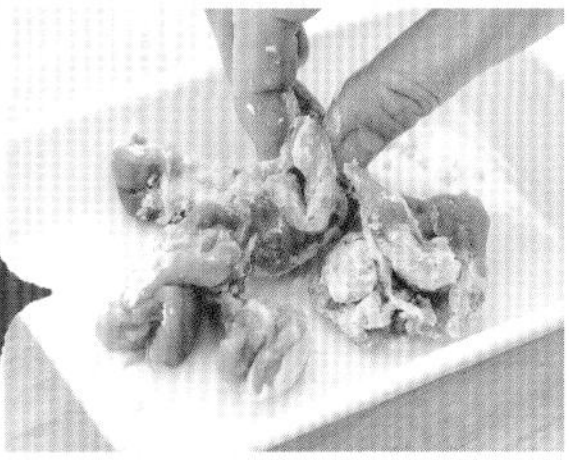

しめじは小房に分けてコンテナに入れ、豚こま切れ肉は片栗粉をまぶしてのせる。**A**をかける。

片栗粉をまぶすととろみがつき、タレも染み込みやすい。

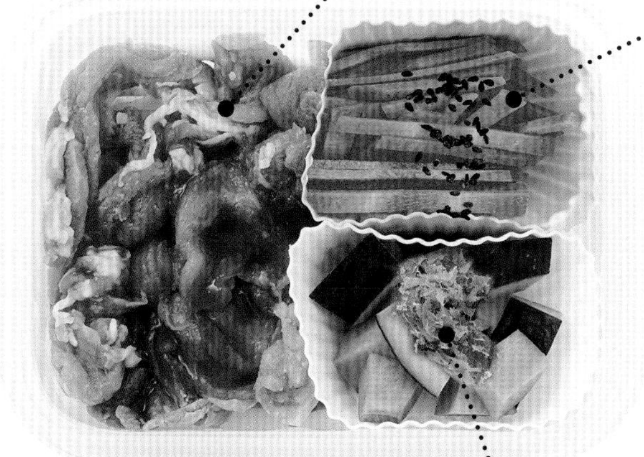

副菜1

にんじんのメープルごま和え

にんじんは細切りにする。**B**をかける。

メープルシロップは、はちみつと違い楓の樹液を煮詰めたものなので、生後10カ月から摂取可能。

STEP 2 冷凍する

30日保存OK

冷凍後

副菜2

かぼちゃのおかか煮

かぼちゃは1cm角に切ってカップに入れる。**C**をかけてから、かつおぶしをふる。

STEP 3 レンチン

ふたをクロスにして
600W4分加熱

3日目 昼

メカジキのソテー

赤パプリカのきんぴら
かぼちゃのチーズ焼き

600W
4分

お弁当にも使える！
淡泊なメカジキも
バター風味で香ばしく。

材料

主菜 **メカジキのソテー**

メカジキ…50g
小麦粉…小さじ1/3
バター…3g

副菜1 **赤パプリカのきんぴら**

赤パプリカ…1/8個（20g）
めんつゆ（3倍濃縮）…小さじ1/4

副菜2 **かぼちゃのチーズ焼き**

かぼちゃ…30g
シュレッドチーズ…5g

STEP 1 詰める

主菜

メカジキのソテー

メカジキは塩（分量外）をふって5分ほど置き、水で洗い流し水気を拭く。2cm角に切って小麦粉をまぶし、重ならないようにコンテナに入れ、バターをのせる。

小麦粉をまぶすことで、香ばしい香りがつく。

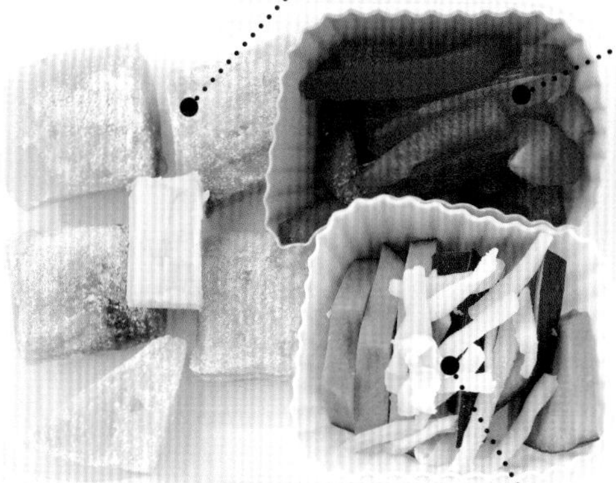

副菜1

赤パプリカのきんぴら

赤パプリカは長さを半分に切ってから細切りにして、カップに入れる。めんつゆをかける。

副菜2

かぼちゃのチーズ焼き

かぼちゃは2cm長さの5mm幅に切り、カップに縦に入れる。シュレッドチーズをかける。

STEP 2 冷凍する

30日保存OK

冷凍後

STEP 3 レンチン

ふたをクロスにして
600W4分加熱

3日目夜

豚肉うどん

600W 5分　加熱後混ぜる

材料

豚肉うどん

ゆでうどん…1/2玉
（90〜100g）
豚こま切れ肉…30g
にんじん…10g
白菜…10g
片栗粉…小さじ1/3
A 水…大さじ4
めんつゆ（3倍濃縮）…小さじ1
和風だしの素（顆粒）…1つまみ

肉も野菜もバランスよく摂れる1品完結メニューはストック必至。

STEP 1 詰める

STEP 2 冷凍する
30日保存OK

冷凍後

STEP 3 レンチン
ふたをクロスにして600W5分加熱
加熱後混ぜる

加熱後だと、うどんがツルツルして切りづらいので、あらかじめ切っておく。

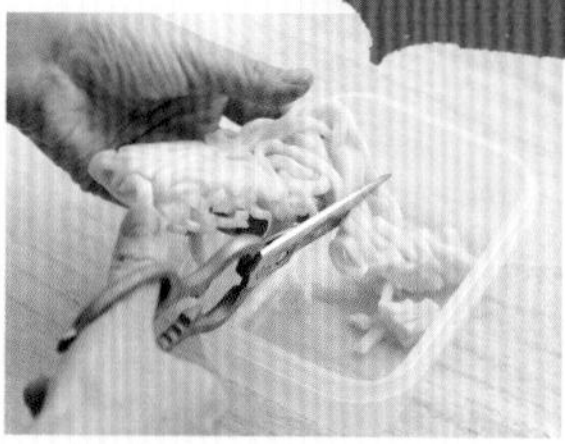

1 うどんは1〜2㎝長さに切ってコンテナに入れ、**A**をかける。
2 にんじんと白菜は細切りに、豚肉は片栗粉をまぶしてからのせる。

PART

2

コスパよし味よし！

リピ確定の鶏肉メニュー

クセが少なく、噛み切りやすい鶏肉は幼児食にぴったり。
冷凍コンテナ幼児食ならパサつかずしっとりと仕上がります。
つかみ食べしやすいジューシーつくねや
鉄板ダレと絡めて食べる照り焼きチキンなど
「おかわり！」の声が聞こえるメニューが勢ぞろい！

鶏そぼろ

大学いも
白菜の中華煮

600W
4分

れんこんの食感が
アクセント。
ほんのり甘辛ダレで
ごはんが進む！

材料

主菜 鶏そぼろ

鶏ひき肉…50g
れんこん…10g
A
- 水…大さじ1
- 砂糖・しょうゆ・みりん…各小さじ1
- 酒…小さじ1/2

副菜1 大学いも

さつまいも…20g
B
- みりん…小さじ1
- 砂糖・しょうゆ…各小さじ1/3
- 黒いりごま…少々

副菜2 白菜の中華煮

白菜…20g
C
- ごま油…小さじ1/3
- オイスターソース…小さじ1/4
- 鶏ガラスープの素（顆粒）…少々

STEP 1 詰める

ひき肉を平らに詰めると加熱ムラになりにくい。

主菜 鶏そぼろ

れんこんはみじん切りにして、酢少々（分量外）を加えた水にさらす。水気を切ってコンテナに入れる。鶏ひき肉と**A**を入れ、材料すべてを混ぜ合わせた後、平らにする。

副菜1 大学いも

さつまいもは1cm角に切ってから水に5分浸し、水気を切ってカップに入れる。**B**をかける。

副菜2 白菜の中華煮

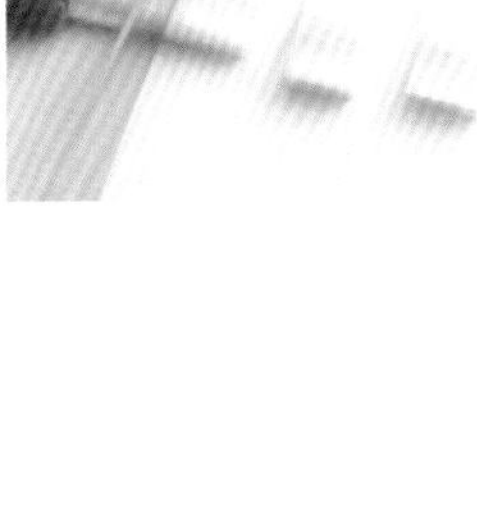

白菜は1cm幅に切って立ててカップに入れる。**C**をかける。

STEP 2 冷凍する

14日保存OK

STEP 3 レンチン

ふたをクロスにして600W4分加熱

鶏つくね
大根の中華スティック煮
ブロッコリーのおかかしょうゆ

600W
4分

冷めてもおいしい！
豆腐入りの
ふわふわつくね。

材料

主菜 鶏つくね

鶏ひき肉…50g
絹豆腐…20g
A［みりん…小さじ1
　しょうゆ…小さじ1/2

副菜1 大根の中華スティック煮

大根…30g
B［水…小さじ1
　鶏ガラスープの素（顆粒）
　…1つまみ

副菜2 ブロッコリーのおかかしょうゆ

ブロッコリー…20g
C［しょうゆ…小さじ1/4
　かつおぶし…1つまみ

STEP 1 詰める

主菜

鶏つくね

鶏ひき肉と豆腐を練る。2等分にして丸く成形し、コンテナに入れる。**A**をかける。

副菜1

大根の中華スティック煮

大根は5㎜幅の拍子木切りにして、カップに入れる。**B**をかける。

大根は、つかみ食べしやすいサイズ感を意識する。

副菜2

ブロッコリーのおかかしょうゆ

ブロッコリーは小房に分けて カップに入れる。**C**をかける。

STEP 2 冷凍する

14日保存OK

STEP 3 レンチン

ふたをクロスにして
600W4分加熱

チーズ鶏だんご
ネギ入り出汁の玉子焼き
なすのやわらか煮

600W
4分

手づかみ食べしやすい。
つなぎ代わりに
麩を使って栄養満点！

材料

主菜 **チーズ鶏だんご**

鶏ひき肉…50g
麩…3g
粉チーズ…小さじ1/2

副菜1 **ネギ入り出汁の玉子焼き**

卵(Mサイズ)…1個
長ネギ…5g
A ［マヨネーズ・和風だしの素(顆粒)…各小さじ1/3

副菜2 **なすのやわらか煮**

なす…20g
B ［水…小さじ1
　 みりん…小さじ1/3
　 しょうゆ…2滴

STEP 1 詰める

主菜 **チーズ鶏だんご**

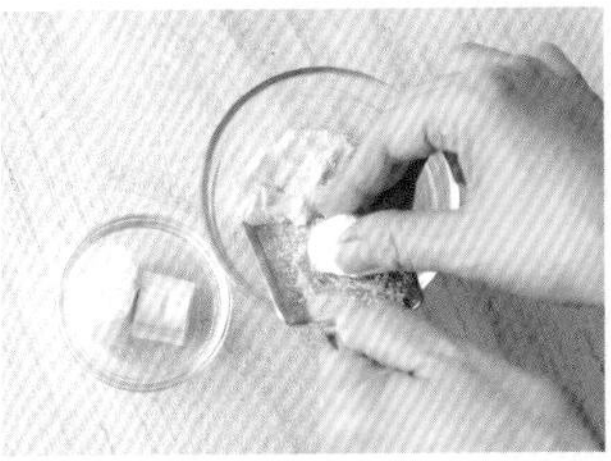

麩はすりおろして、鶏ひき肉・粉チーズと練る。4等分にして楕円形に成形し、重ならないようにコンテナに入れる。

麩をすりおろしてつなぎ代わりに使用。ジューシーな仕上がりになる。

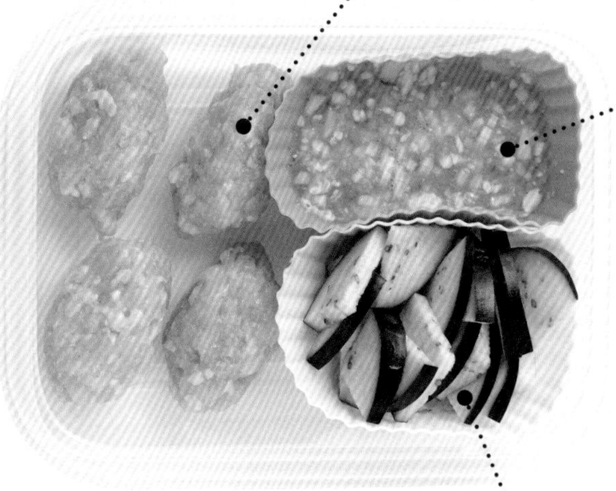

副菜1 **ネギ入り出汁の玉子焼き**

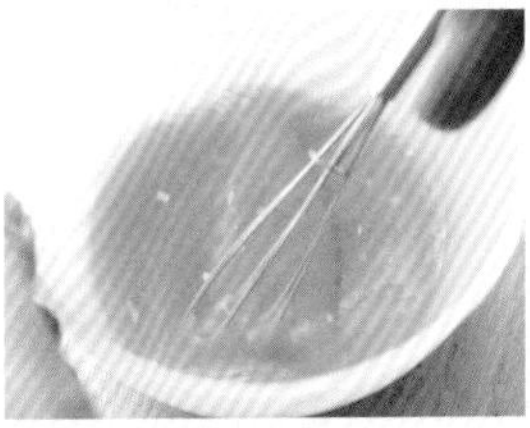

長ネギはみじん切りにして、カップに入れる。卵を溶いて**A**を混ぜ、カップの半分の高さまで注ぐ。

小さい泡だて器を使うと、卵と調味料が混ざりやすい。

副菜2 **なすのやわらか煮**

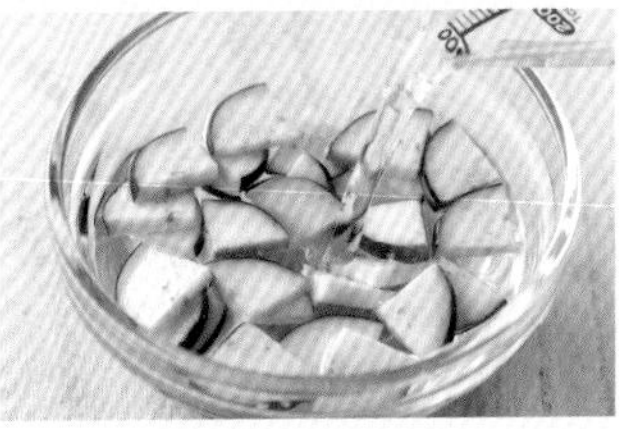

なすは3㎜幅のいちょう切りにして、塩少々(分量外)を加えた水にさらす。水気を切ってカップに入れ、**B**をかける。

STEP 2 冷凍する

14日保存OK

STEP 3 レンチン

ふたをクロスにして
600W4分加熱

鶏と玉ねぎの甘辛煮

かぼちゃのマヨ焼き
さやいんげんのおかかバター

600W
4分

玉ねぎと加熱すると
鶏肉が柔らかに。
やさしい甘さのタレは
ごはんにかけてどうぞ。

材料

主菜 鶏と玉ねぎの甘辛煮

鶏もも肉…50g
玉ねぎ…20g
A［しょうゆ・酒・みりん・水 …各小さじ½
和風だしの素（顆粒）…1つまみ］

副菜1 かぼちゃのマヨ焼き

かぼちゃ…30g
B［みりん・マヨネーズ …各小さじ½］

副菜2 さやいんげんのおかかバター

さやいんげん…4本（20g）
C［かつおぶし…1つまみ
バター…3g］

STEP 1 詰める

主菜 鶏と玉ねぎの甘辛煮

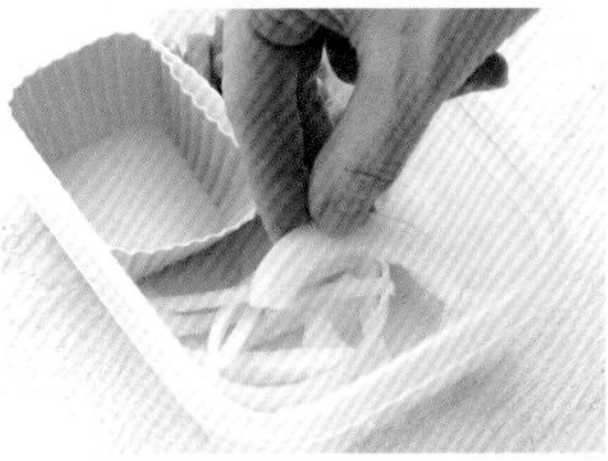

玉ねぎは薄切り、鶏肉は1cm幅に切る。コンテナに入れ、**A**をかける。

玉ねぎを下に敷くと肉やタレの旨みが染み込む。

副菜1 かぼちゃのマヨ焼き

かぼちゃは細切りにして、カップに入れる。**B**をかける。

熱が通りにくいため、細切りに。

副菜2 さやいんげんのおかかバター

さやいんげんは2cm長さに切って、カップに入れる。**C**をかける。

STEP 2 冷凍する

30日保存OK

STEP 3 レンチン

ふたをクロスにして600W4分加熱

照り焼きチキン
トマト入り玉子焼き
なすのごまみそ焼き

600W
4分
鉄板・照り焼きダレに
絡めたら
ほうれん草だってパクパク。

材料

主菜 照り焼きチキン

鶏もも肉…50g
ほうれん草…10g
A 酒…小さじ1
しょうゆ・みりん…各小さじ1/2
砂糖…2つまみ

副菜1 トマト入り玉子焼き

卵（Mサイズ）…1個
ミニトマト…1個
B マヨネーズ・洋風スープの素（顆粒）…各小さじ1/3

副菜2 なすのごまみそ焼き

なす…20g
C 水・白すりごま…各小さじ1/2
みそ…小さじ1/4
砂糖…1つまみ

STEP 1 詰める

主菜

照り焼きチキン

断面が広くなるように薄く切ると、加熱ムラが減る。

ほうれん草は3㎝長さに切って、コンテナに入れる。鶏肉はそぎ切りにして入れ、**A**をかける。

副菜1

トマト入り玉子焼き

ミニトマトは縦に4等分に切って、カップに入れる。卵を溶いて**B**を混ぜ、カップの半分の高さまで注ぐ。

マヨネーズを入れるとふわふわな仕上がりに。

副菜2

なすのごまみそ焼き

なすは皮をむき、2㎜幅の半月切りにして、塩少々（分量外）を加えた水にさらす。水気を切って立ててカップに入れ、混ぜ合わせた**C**をかける。

塩水にさらしてアクを抜く。皮をむくとえぐみが減り、食べやすくなる。

STEP 2 冷凍する

30日保存OK

STEP 3 レンチン

ふたをクロスにして
600W4分加熱

鶏のピザ風
キャベツのナムル
にんじんグラッセ

600W
4分

子どもに鉄板の
ケチャップ＆チーズ。
ピーマンは輪切りで
見た目をかわいく。

材料

主菜 鶏のピザ風

鶏もも肉…50g
ピーマン
…細い輪切り2枚(5g)
ケチャップ…小さじ1
シュレッドチーズ…小さじ1

副菜1 キャベツのナムル

キャベツ…20g
A［ごま油…小さじ1/3
　塩…少々

副菜2 にんじんグラッセ

にんじん…20g
B［砂糖・水…各小さじ1/2
　バター…3g

STEP 1 詰める

主菜

鶏のピザ風

厚さを均一にすると加熱ムラが防げる。

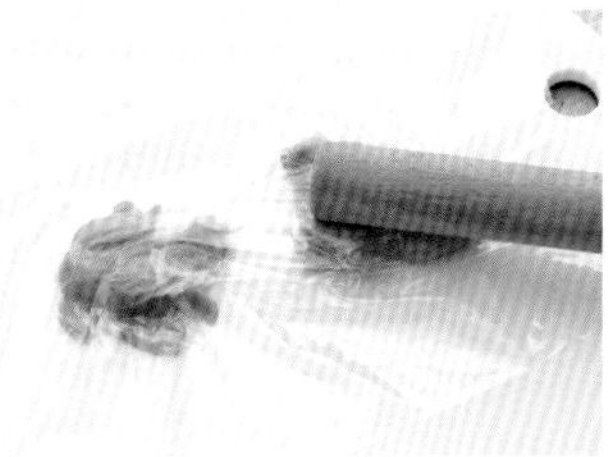

鶏肉は2等分にしてから、ラップをかけ麺棒で叩いて薄くする。ケチャップを塗ってコンテナに入れる。シュレッドチーズをのせ、ピーマンをのせる。

副菜1

立てて詰める

キャベツのナムル

キャベツは1㎝幅に切り、縦にしてカップに入れる。**A**をかける。

副菜2

にんじんグラッセ

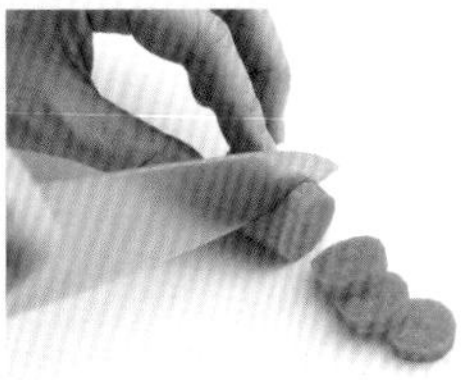

にんじんは3㎜幅の輪切りにして、カップに入れる。**B**をかける。

STEP 2 冷凍する

30日保存OK

STEP 3 レンチン

ふたをクロスにして600W4分加熱

ネギ塩チキン
大根とミニトマトのマリネ
白菜の煮浸し

600W
4分

ごま油が
ふわり香る中華風。
とろみ効果で
薄味でも食べ応え抜群。

材料

主菜 **ネギ塩チキン**

鶏もも肉…50g
長ネギ…5cm（10g）
片栗粉…小さじ1/2
A ［酒・水…各小さじ1
ごま油…小さじ1/2
鶏ガラスープの素（顆粒）
…1つまみ

副菜1 **大根とミニトマトのマリネ**

大根…20g
ミニトマト…1個
B ［オリーブオイル
…小さじ1/2
塩…少々

副菜2 **白菜の煮浸し**

白菜…20g
C ［めんつゆ（3倍濃縮）・水
…各小さじ1/2

STEP 1 詰める

主菜

ネギ塩チキン

ネギは白い箇所を使うと気づかれない。

長ネギはみじん切りに、鶏肉はそぎ切りにして片栗粉をまぶしてからコンテナに入れる。**A**をかける。

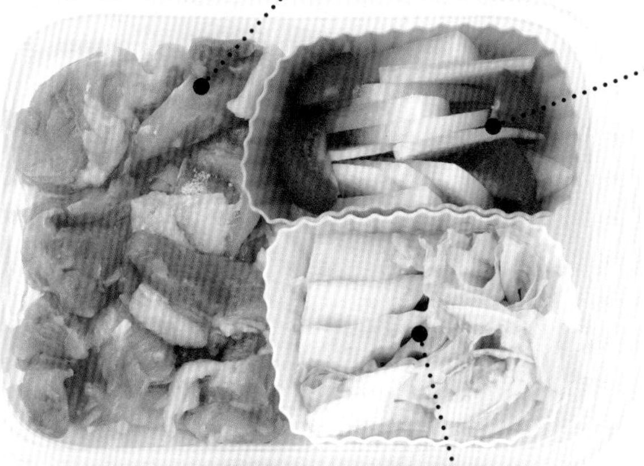

副菜1

大根とミニトマトのマリネ

大根は2mm幅のいちょう切り、ミニトマトは縦に4等分に切ってカップに入れる。**B**をかける。

ミニトマトは切って、破裂を防ぐ。

副菜2

白菜の煮浸し

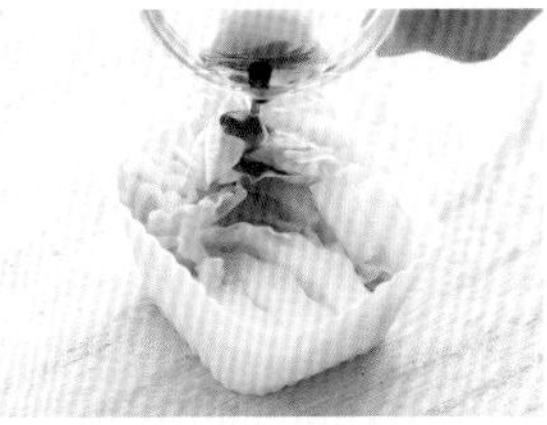

白菜は1cm幅に切って、カップに入れる。**C**をかける。

STEP 2 冷凍する

30日保存OK

STEP 3 レンチン

ふたをクロスにして
600W4分加熱

COLUMN

慌ただしい朝に大助かり！

簡単主食レシピ
～ごはん編～

ブドウ糖を多く含み脳の働きが活発になるお米は、朝食におすすめ。
野菜も一緒にとれる栄養満点のごはんレシピをご紹介します。

余りがちな
かぶの葉を利用！

葉っぱふりかけごはん

材料

ごはん…お茶碗1杯分
かぶの葉…20g
白いりごま…小さじ1/2
A［砂糖・昆布だしの素・酒
　　…各小さじ1/2

作り方

1 かぶの葉をみじん切りにする。
2 耐熱容器に**1**の葉と**A**を入れる。ふんわりとラップをかけ、電子レンジで1分加熱する。
3 ごまを加えて混ぜ、ごはんにかける。

韓国風かっぱ巻き

材料

ごはん…100g
きゅうり…1/4本（縦に4分割したもの）
焼き海苔（手巻き寿司用）…1枚
ごま油…小さじ1
塩…少々

作り方

1 ラップを敷き、海苔をのせる。ごま油をぬり、塩をふる。
2 海苔の手前を1cmほど空けて、冷ましたごはんを広げる。きゅうりをのせる。
3 ラップごと手前からくるくると巻き、5分ほど置いてなじませる。2cm幅に切り分ける。

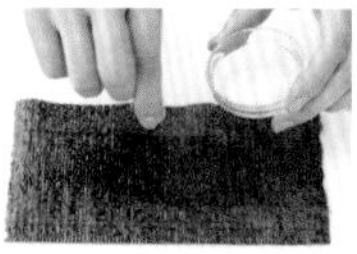

海苔に調味料を直接ふりかけ、韓国海苔を作る

海苔にごま油と
塩を塗って
風味づけ

青のりがふわりと
香り、食が進む

ツナおかかおにぎり

材料

ごはん…80g
ツナ（缶詰：ノンオイル）、
　かつおぶし…小さじ1
青のり・しょうゆ…各少々

作り方

1 ツナの缶汁をきる。
2 すべての材料を混ぜ合わせ、半量ずつにぎる。

PART 3

旨みたっぷり

無敵の豚肉メニュー

いろんな料理にアレンジしやすい豚肉。
この章では子どもに大人気の「ひき肉」と、
安価で時短に役立つ「こま切れ肉」の2種類を使います。
適度な脂があるから、一緒に加熱する食材にも旨みがしみしみ。
レンチン調理ならではの柔らかふっくら食感で、食も進みます。

ピーマンの肉詰め
れんこんの中華炒め
のり塩ポテト

600W
4分

マヨネーズを加えると
ふっくら食感に！
中からあふれる
肉汁もごちそう。

材料

主菜 ピーマンの肉詰め

ピーマン…1cm幅の輪切り2枚（約1/2個・20g）
玉ねぎ…10g
小麦粉…小さじ1/3
A ［豚ひき肉…50g
マヨネーズ…小さじ1
塩…少々

副菜1 れんこんの中華炒め

れんこん…20g
B ［ごま油…小さじ1/2
鶏ガラスープの素（顆粒）…少々

副菜2 のり塩ポテト

冷凍ポテト（シューストリング）…20g
C ［青のり・塩…各少々

STEP 1 詰める

主菜

ピーマンの肉詰め

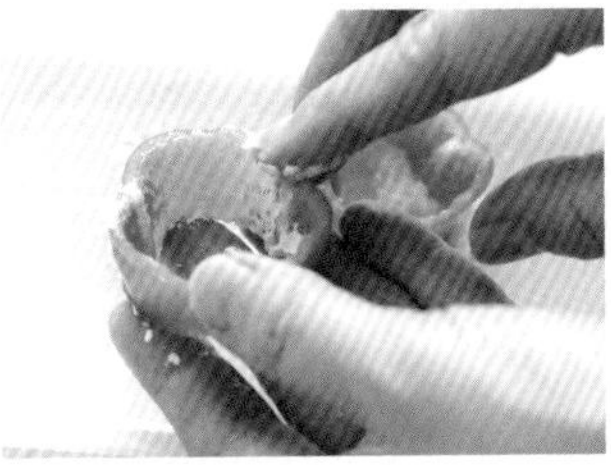

ピーマンは1cm幅の輪切りにし、内側に小麦粉をまぶす。玉ねぎはみじん切りにし、**A**を加えて練る。ピーマンに肉ダネを詰めて、コンテナに入れる。

小麦粉がのり代わりになり、ピーマンと肉ダネがピタッとくっつく。

副菜1

れんこんの中華炒め

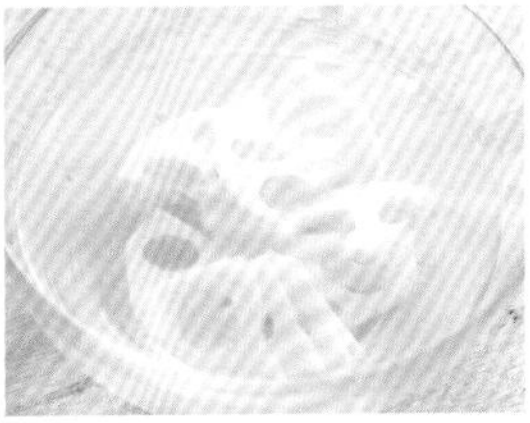

れんこんは薄いいちょう切りにして、酢少々（分量外）を加えた水にさらす。水気を切ってカップに入れ、**B**をかける。

酢水にさらすとアクが抜け、変色も防げる。

STEP 2 冷凍する

14日保存OK

STEP 3 レンチン

ふたをクロスにして600W4分加熱

副菜2

のり塩ポテト

冷凍ポテトをカップに入れる。**C**をかける。

手づかみ食べしやすいシューストリングカットがおすすめ。

豚ひき肉

豆腐ハンバーグ
さつまいものバターがらめ
塩蒸しさやいんげん

600W
4分

つなぎなしの
簡単バーグと
手づかみ食べしやすい
副菜はお弁当にも！

材料

主菜 **豆腐ハンバーグ**

豚ひき肉…50g
絹豆腐…20g
A ケチャップ・中濃ソース …各小さじ1/2

副菜1 **さつまいものバターがらめ**

さつまいも…20g
バター…3g

副菜2 **塩蒸しさやいんげん**

さやいんげん…4本（20g）
B 水…小さじ1/2
　塩…少々

STEP 1 詰める

主菜

豆腐ハンバーグ

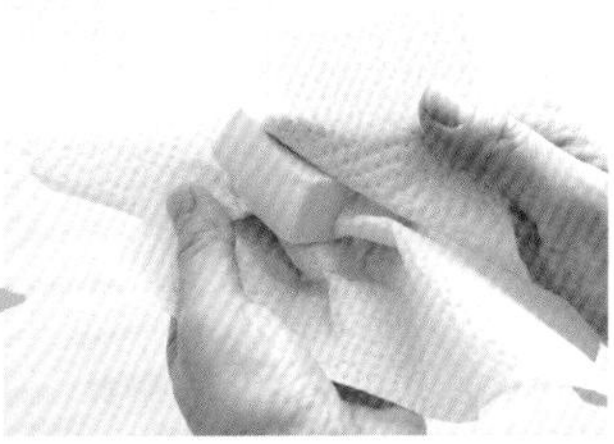

豚ひき肉と軽く水切りした豆腐を合わせて練る。2等分にして丸く成形し、コンテナに入れる。混ぜ合わせた**A**をかける。

豆腐は表面をさっとペーパーで拭う程度でOK。豆腐のおかげでやわらかい仕上がりになる。

副菜1

さつまいものバターがらめ

さつまいもは2㎜幅のいちょう切りにして、5分水にさらす。水気を切ってカップに入れ、バターをのせる。

副菜2

塩蒸しさやいんげん

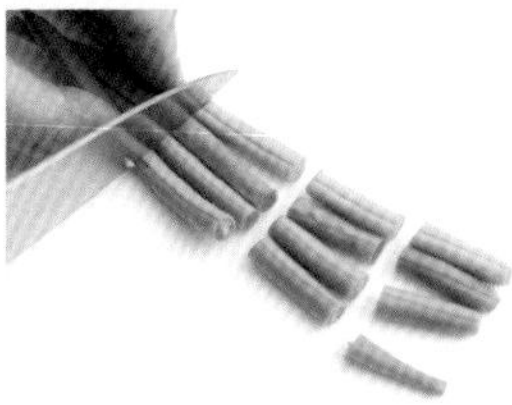

さやいんげんは2㎝長さに切って、カップに入れる。**B**をかける。

STEP 2 冷凍する

14日保存OK

STEP 3 レンチン

ふたをクロスにして600W4分加熱

豚肉のチーズロール
さつまいものカレー風味
かぶのコロコロ煮

600W
4分

やさしい甘さと
とろ〜りチーズで
おかわり必至！

材料

主菜 **豚肉のチーズロール**

豚こま切れ肉…50g
キャベツ…10g
スライスチーズ…1枚（18g）
A ［みりん…小さじ1
ケチャップ…小さじ1/2
片栗粉…少々］

副菜1 **さつまいものカレー風味**

さつまいも…20g
B ［カレーパウダー…1つまみ
バター…3g］

副菜2 **かぶのコロコロ煮**

かぶ…20g
C ［水…小さじ1
洋風スープの素（顆粒）…1つまみ
塩…少々］

STEP 1 詰める

主菜

豚肉のチーズロール

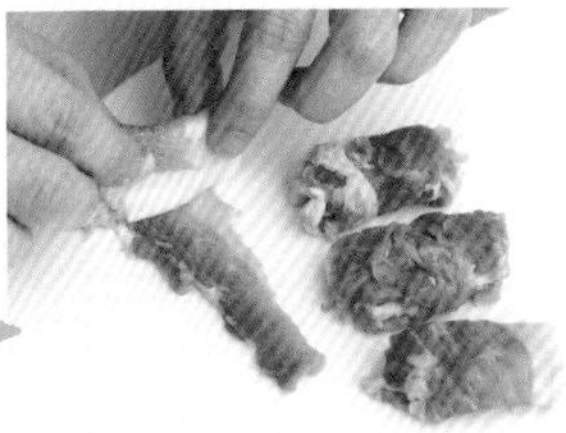

キャベツは1cm幅に切って、コンテナに入れる。スライスチーズは縦半分横4等分に折り、豚肉で巻く。混ぜ合わせた**A**をかける。

スライスチーズが完全に隠れるよう豚肉で巻く。

副菜1

さつまいものカレー風味

さつまいもは5mm幅の拍子木切りにして、水に5分さらす。水気を切ってカップに入れ、**B**をかける。

副菜2

かぶのコロコロ煮

かぶは1cm角に切って、カップに入れる。**C**をかける。

STEP 2 冷凍する

30日保存OK

STEP 3 レンチン

ふたをクロスにして600W4分加熱

メープルポーク
キャベツのごま和え
アスパラガスの洋風煮

600W
4分

メープルシロップで
まろやかな甘みと
とろみをプラス。

材料

主菜 メープルポーク

豚こま切れ肉…50g
にんじん…10g
片栗粉…小さじ1/2
A メープルシロップ…小さじ1
　しょうゆ・酒…各小さじ1/2

副菜1 キャベツのごま和え

キャベツ…20g
B みりん…小さじ1/2
　白すりごま…小さじ1/3
　和風だしの素（顆粒）
　…1つまみ

副菜2 アスパラガスの洋風煮

アスパラガス…1本（15g）
C 水…小さじ1/2
　洋風スープの素（顆粒）
　…1つまみ

STEP 1 詰める

主菜

メープルポーク

キッチンバサミで豚肉を食べやすい大きさに適宜カット。

にんじんは薄いいちょう切りにして、コンテナに入れる。豚肉は片栗粉をまぶしてのせ、**A**をかける。

副菜1

キャベツのごま和え

キャベツは1㎝幅に切って、立ててコンテナに入れる。**B**をかける。

副菜2

アスパラガスの洋風煮

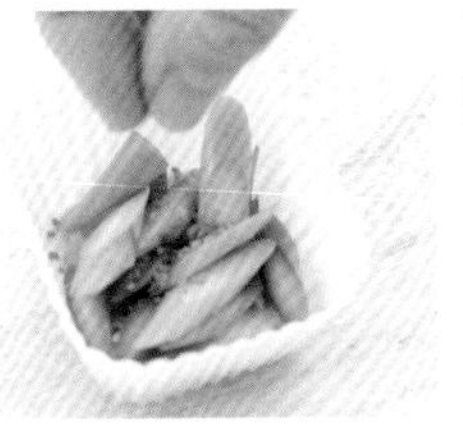

アスパラガスは斜め薄切りにして、カップに入れる。**C**をかける。

STEP 2 冷凍する

30日保存OK

STEP 3 レンチン

ふたをクロスにして600W4分加熱

豚肉のコーンクリーム煮
長芋のバターしょうゆ
ピーマンのチーズ焼き

600W
4分

コーンクリームを
ソース代わりに！
思わず手が伸びる
おいしさ。

材料

主菜 **豚肉のコーンクリーム煮**

豚こま切れ肉…50g
玉ねぎ…1/8個(25g)
片栗粉…小さじ1/2
A
コーンクリーム(缶詰)…小さじ2
牛乳…小さじ1/2
洋風スープの素(顆粒)…1つまみ

副菜1 **長芋のバターしょうゆ**

長芋…30g
B
しょうゆ…小さじ1/3
バター…3g

副菜2 **ピーマンのチーズ焼き**

ピーマン…1/2個(20g)
C
シュレッドチーズ…小さじ1
砂糖…1つまみ

STEP 1 詰める

主菜

豚肉のコーンクリーム煮

玉ねぎは長さが半分の薄切りにして、コンテナに入れる。豚肉は片栗粉をまぶしてのせ、混ぜ合わせた**A**をかける。

コーンクリームを牛乳としっかり混ぜ合わせてからのせる。

副菜1

長芋のバターしょうゆ

長芋は皮をむき1cm角に切って、酢少々(分量外)を加えた水にさらす。水気を切ってカップに入れ、**B**をかける。

酢水にさらせば、変色を防げる。

副菜2

ピーマンのチーズ焼き

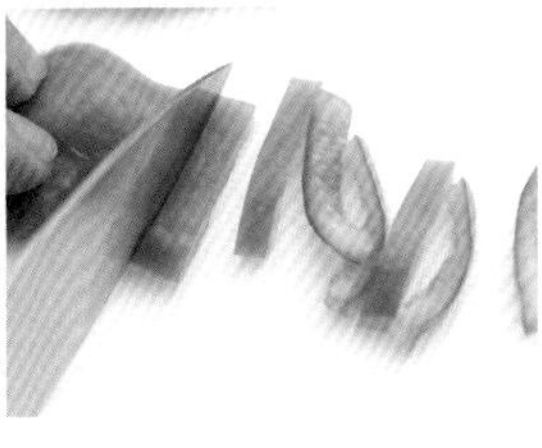

ピーマンは細切りにしてカップに入れる。**C**をかける。

チーズと絡めて食べるとピーマンの苦みが和らぐ。

STEP 2 冷凍する

30日保存OK

STEP 3 レンチン

ふたをクロスにして600W4分加熱

豚こま切れ肉

豚肉のマリネ焼き
カリフラワーの塩バター
赤パプリカのだし煮

600W
4分

漬け込んで
冷凍するから
驚くほど柔らか。

材料

主菜 豚肉のマリネ焼き

豚こま切れ肉…50g
なす…10g
片栗粉…小さじ1/2
A 酒・オリーブオイル…各小さじ1
塩…小さじ1/3
砂糖…1つまみ

副菜1 カリフラワーの塩バター

カリフラワー…20g
B 塩…少々
バター…3g

副菜2 赤パプリカのだし煮

赤パプリカ…1/8個(20g)
C 水…小さじ1/2
和風だしの素(顆粒)
…1つまみ

STEP 1 詰める

主菜
豚肉のマリネ焼き

なすは半月切りにして、塩少々(分量外)を加えた水にさらし、水気を切ってコンテナに入れる。豚肉は片栗粉をまぶしてのせ、**A**をかける。

副菜1
カリフラワーの塩バター

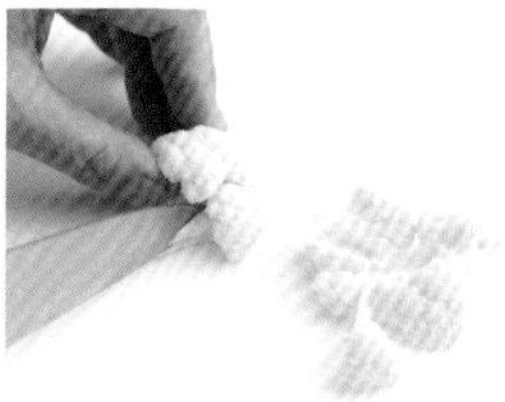

カリフラワーは小房に分けてカップに入れる。**B**をかける。

副菜2
赤パプリカのだし煮

赤パプリカは3cm長さの細切りにしてカップに入れる。**C**をかける。

STEP 2 冷凍する

30日保存OK

STEP 3 レンチン

ふたをクロスにして600W4分加熱

COLUMN

慌ただしい朝に大助かり！

簡単主食レシピ
～パン編～

**食欲がない朝でも思わず手が伸びる、子どもウケ必至のパンレシピをご紹介。
ろこ流の時短ワザでバタつく朝でもパパッと作れます。**

ソーセージは
切って食べやすく

ホットドッグ

材料

ロールパン…1個
ソーセージ…1本（10g）
キャベツ…1/4枚（10g）
サラダ油…小さじ1
ケチャップ・マヨネーズ
…各小さじ1/2

作り方

1 ソーセージは斜め薄切りに、キャベツは5㎜幅に切る。
2 フライパンにサラダ油をひき、中火で**1**のソーセージとキャベツを炒める。
3 ロールパンの真ん中に切れ目を入れ、マヨネーズを塗る。 **2**をはさみ、ケチャップをかける。

かぼちゃのロールサンド

材料

食パン（8枚切り）…1枚
かぼちゃ…30g
マヨネーズ・水…各小さじ1

作り方

1 かぼちゃは一口大に切り、耐熱容器に入れる。水を加えてふんわりとラップをかけ、電子レンジで2分加熱する。
2 **1**のかぼちゃの皮を取り除き、マッシャーでつぶす。マヨネーズを加えて混ぜる。
3 食パンにラップを敷き、麺棒で薄くのばす。
4 **2**のかぼちゃペーストを塗り、端からくるくると巻く。ラップで包んで 5分ほど置き、5㎜幅に切り分ける。

かぼちゃ
苦手さんも、
おやつ感覚で！

フォークを刺すテクで
卵液に浸す時間を
大幅短縮

フレンチトースト

材料

食パン（8枚切り）…1枚
バター…8～10g
A 卵（Mサイズ）…1個
牛乳…大さじ1
砂糖…小さじ2

作り方

1 食パンの表面全体をフォークで刺し、4等分に切る。
2 **A**を混ぜ合わせ、**1**の食パンに回しかける。
3 フライパンにバターを入れ、中火で熱する。溶けてきたら**2**の食パンを入れ、両面を焼く。

PART 4

野菜もたっぷりとれる

お役立ち 牛肉メニュー

牛肉は鉄分も豊富で、幼児食に欠かせないたんぱく源。
このパートでは手に入りやすい「切り落とし肉」を使います。
肉の味自体が濃厚だから、少しの調味料で味が決まるのも魅力。
冷凍時間に下味調理が叶うろこ流で、
野菜をたくさん使っても負けない味わいに仕上げました。

牛肉のポテト巻き

カリフラワーのマヨカレー
みそピーマン

600W
4分

牛肉によく合う
冷凍ポテトで
ボリュームアップ
&時短に！

材料

主菜 **牛肉のポテト巻き**

牛切り落とし肉…50g
冷凍ポテト
（シューストリング）…4本
中濃ソース…小さじ1/2

副菜1 **カリフラワーのマヨカレー**

カリフラワー…20g
A ［マヨネーズ…小さじ1
カレーパウダー…1つまみ］

副菜2 **みそピーマン**

ピーマン…1/2個（20g）
B ［みりん…小さじ1
みそ…小さじ1/4
砂糖…少々］

STEP 1 詰める

主菜

牛肉のポテト巻き

5cm長さの冷凍ポテトを牛肉1枚で巻き、巻き終わりを下にしてコンテナに入れる。中濃ソースをかける。

冷凍ポテトは凍ったまま使用してOK。

副菜1

カリフラワーのマヨカレー

カリフラワーは小房に分けてカップに入れる。**A**をかける。

使ったのはコレ！

副菜2

みそピーマン

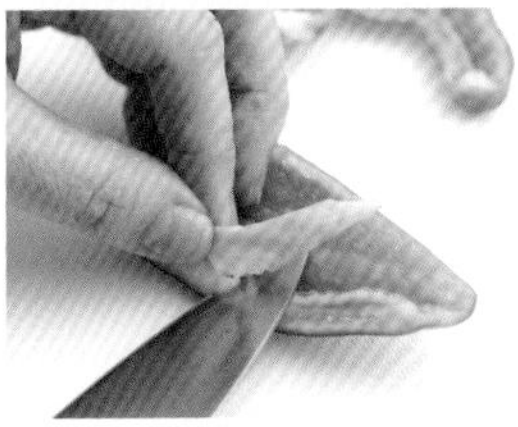

内側の白い筋を取り除くと、食べやすくなる。

ピーマンは小さめの乱切りにする。混ぜ合わせた**B**をかける。

STEP 2 冷凍する

30日保存OK

STEP 3 レンチン

ふたをクロスにして
600W4分加熱

牛肉

牛肉野菜のごま炒め
かぶのレモンピクルス
ブロッコリーの中華風

600W
4分

野菜やごまで
食感と彩りをプラス。
栄養バランスも
バッチリ。

材料

主菜 牛肉野菜のごま炒め

牛切り落とし肉…50g
もやし…10g
にんじん…10g
片栗粉…小さじ½
A［しょうゆ…小さじ½
　砂糖・白すりごま…小さじ⅓

副菜1 かぶのレモンピクルス

かぶ…20g
B［砂糖・レモン汁…各小さじ½
　塩…少々

副菜2 ブロッコリーの中華風

ブロッコリー…20g
C［みりん…小さじ1
　オイスターソース…小さじ⅓

STEP 1 詰める

主菜

牛肉野菜のごま炒め

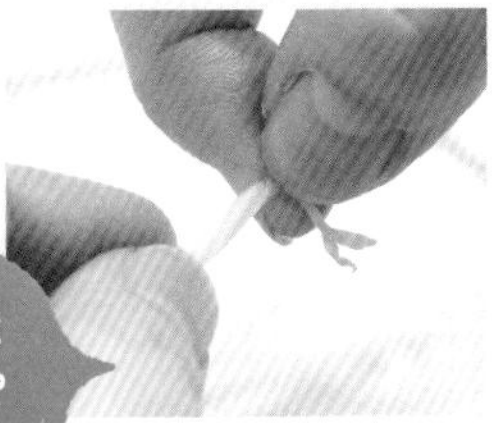

細切りにしたにんじん、ヒゲ根を取ったもやしをコンテナに入れる。牛肉は片栗粉をまぶしてのせ、**A**をかける。

ひげ根を取り除くと食感が良く、食べやすくなる。

副菜1

かぶのレモンピクルス

かぶは皮をむき、3㎝長さ5㎜幅の拍子木切りにしてカップに入れる。**B**をかける。

副菜2

ブロッコリーの中華風

ブロッコリーは小房に分けてカップに入れる。**C**をかける。

STEP 2 冷凍する

30日保存OK

STEP 3 レンチン

ふたをクロスにして600W4分加熱

チンジャオロースー
長芋のごま塩炒め
にんじんのスティック煮

600W
4分

片栗粉のとろみと
カラフル野菜が
タレに絡み
薄味でも食が進む。

材料

主菜 **チンジャオロースー**

牛切り落とし肉…50g
ピーマン…10g
赤パプリカ…10g
片栗粉…小さじ1/2
A ┌しょうゆ・水…各小さじ1/2
　│オイスターソース…小さじ1/3
　└鶏ガラスープの素（顆粒）…1つまみ

副菜1 **長芋のごま塩炒め**

長芋…30g
B ┌ごま油…小さじ1/3
　└ごま塩…少々

副菜2 **にんじんのスティック煮**

にんじん…20g
C ┌水…小さじ1
　│洋風スープの素（顆粒）
　└…1つまみ

STEP 1 詰める

主菜

チンジャオロースー

ピーマンと赤パプリカは細切りにして、コンテナに入れる。牛肉は片栗粉をまぶしてのせ、**A**をかける。

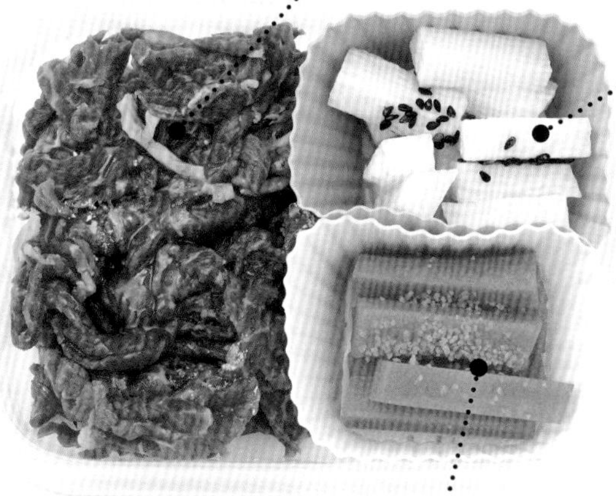

副菜1

長芋のごま塩炒め

長芋は3cm長さ5mm幅の拍子木切りにして、酢少々（分量外）を加えた水にさらす。水気を切ってカップに入れ、**B**をかける。

ごま塩はふりかけ用がおすすめ。

副菜2

にんじんのスティック煮

にんじんは5mm幅の拍子木切りにして、カップに入れる。**C**をかける。

つかみ食べしやすい大きさに切る。

STEP 2 冷凍する

30日保存OK

STEP 3 レンチン

ふたをクロスにして
600W4分加熱

牛肉と大根のすき煮
なすの照り焼き
黄パプリカのカレー炒め

600W
4分

旨みを吸った大根と
牛肉がベストマッチ。
まろやかな甘みに
子どもが飛びつく！

材料

主菜 牛肉と大根のすき煮

牛切り落とし肉…50g
大根…20g
片栗粉…小さじ½
A［みりん・水…各小さじ1
　めんつゆ（3倍濃縮）…小さじ½

副菜1 なすの照り焼き

なす…20g
B［みりん…小さじ1
　ごま油…小さじ⅓
　しょうゆ…2滴

副菜2 黄パプリカのカレー炒め

黄パプリカ…⅛個（20g）
C［水…小さじ½
　カレーパウダー
　…小さじ⅓

STEP 1 詰める

主菜

牛肉と大根のすき煮

大根は3㎜幅のいちょう切りにして、コンテナに入れる。牛肉は片栗粉をまぶしてのせ、**A**をかける。

副菜1

なすの照り焼き

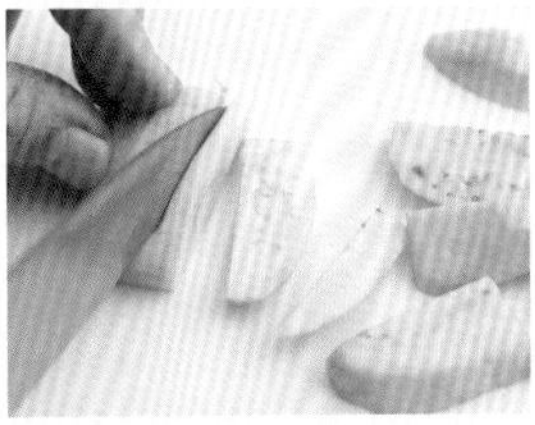

なすは皮をむき、3㎝長さ3㎜幅の細切りにし、塩少々（分量外）を加えた水にさらす。水気を切ってカップに入れ、**B**をかける。

副菜2

黄パプリカのカレー炒め

黄パプリカは小さめの乱切りにして、カップに入れる。**C**をかける。

STEP 2 冷凍する

30日保存OK

STEP 3 レンチン

ふたをクロスにして600W4分加熱

えっ!?いつの間にか

苦手な野菜 食べちゃってたレシピ

苦手野菜の代表格「青菜」と「トマト」。訪問調理先で相談を受けてレシピを考案、「これなら食べられる!」と子どもがおかわりしてくれた自慢のメニューです。

**さつまいもの甘みで
青臭さ紛らわせ作戦!**

青菜苦手さんには…

さつまいもの小松菜衣揚げ

材料

さつまいも…50g
小松菜…10g
サラダ油…適量
A 小麦粉・片栗粉・水…各大さじ1

作り方

1 さつまいもは5㎜の斜め切りにする。水にさらし、水気を切る。
2 小松菜はみじん切りにして、**A**と混ぜ合わせて衣を作る。
3 フライパンにサラダ油を適量入れて中温に熱し、**1**のさつまいもを**2**の衣にくぐらせて入れる。途中上下を返し、1〜2分揚げる。

表面に少し焦げ色がついたらできあがり。

**皮をむいて舌触りを
よくしたミニトマトを
寒天で固める作戦!**

トマト苦手さんには…

ミニトマト寒天

材料

ミニトマト…8個
A 水…200㎖
　砂糖…大さじ1
　寒天パウダー…3g

作り方

1 ミニトマトを冷凍庫に2〜3時間入れて凍らせる。
2 **1**のミニトマトを水にさらして皮をむき半分に切る。
3 鍋に**A**を入れて混ぜ合わせながら、ひと煮立ちさせる。
4 耐熱容器に**3**の寒天を注ぐ。**2**のミニトマトを入れ、粗熱が取れたら冷蔵庫に入れて半日ほど冷やし固める。

冷凍したミニトマトを水にさらすと皮をむきやすくなる。

PART 5

栄養豊富で食べやすい

おかわり必至の魚メニュー

鮭、ブリ、タラの3種類を使った、
魚苦手さんも自然と手が伸びるレシピをご紹介。
冷凍コンテナ幼児食は蒸すように加熱するから
たった4分でふっくら、生臭さやパサつきもありません。
調理した後のにおいに悩まされることもなく、後片づけもラクチンです。

鮭のトマト蒸し
黄パプリカのバターソテー
キャベツの塩昆布和え

600W
4分

トマトの酸味と
メープルシロップの甘みで
子ども好みの味に。

材料

主菜 鮭のトマト蒸し

生鮭…50g
ミニトマト…1個
メープルシロップ…小さじ1

副菜1 黄パプリカのバターソテー

黄パプリカ…1/8個（20g）
A［塩…少々
　バター…3g

副菜2 キャベツの塩昆布和え

キャベツ…20g
塩昆布…1つまみ

STEP 1 詰める

主菜

鮭のトマト蒸し

くさみを取って食べやすくする。

鮭は塩（分量外）をふって5分ほど置き、水で洗い流し水気を拭く。骨があれば取り、2㎝幅に切ってコンテナに入れる。ミニトマトは4等分に切ってのせ、メープルシロップをかける。

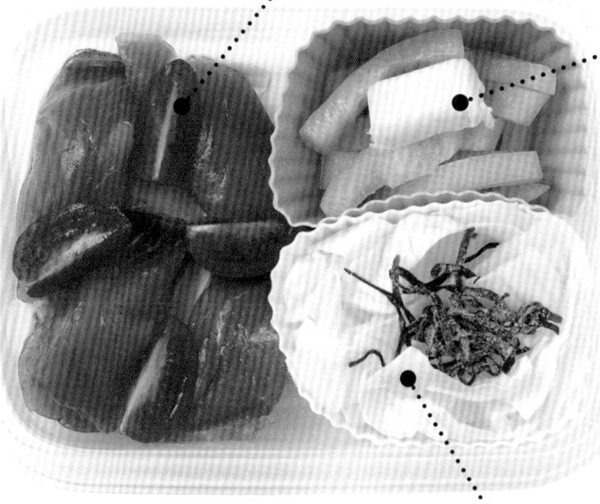

副菜1

黄パプリカのバターソテー

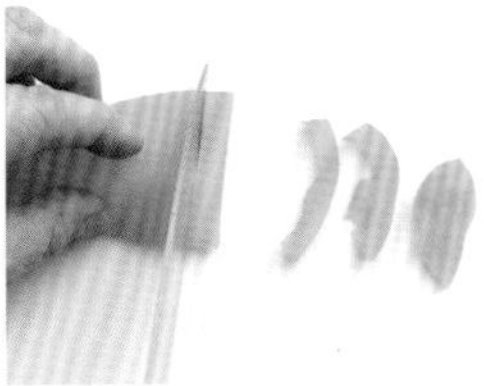

黄パプリカは細切りにして、カップに入れる。**A**をかける。

副菜2

キャベツの塩昆布和え

立てて詰める

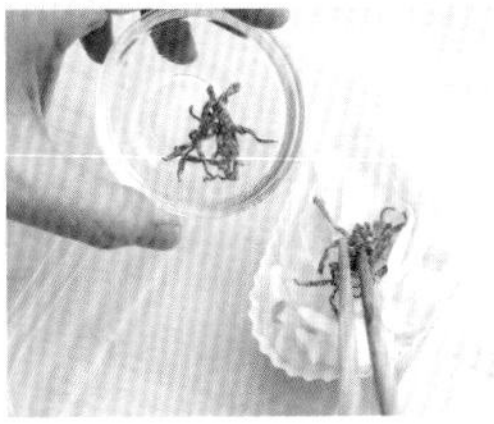

キャベツは1㎝幅に切ってカップに入れる。塩昆布をのせる。

STEP 2 冷凍する

30日保存OK

STEP 3 レンチン

ふたをクロスにして600W4分加熱

鮭

鮭のチーズムニエル

大根のナムル
ブロッコリーのマヨみそ

600W
4分

パサつきがちな鮭も
ふっくら!
とろ〜りチーズと
一緒に頬張って。

材料

主菜 **鮭のチーズムニエル**

生鮭…50g
小麦粉…小さじ1/2
シュレッドチーズ…小さじ2

副菜1 **大根のナムル**

大根…20g
A ごま油…小さじ1/2
  鶏ガラスープの素（顆粒）…1つまみ

副菜2 **ブロッコリーのマヨみそ**

ブロッコリー…20g
B マヨネーズ…小さじ2
  みそ…小さじ1/4

STEP 1 詰める

主菜

鮭のチーズムニエル

鮭は塩（分量外）をふって5分ほど置き、水で洗い流し水気を拭く。骨があれば取り、2cm幅に切る。小麦粉をまぶしてコンテナに入れ、シュレッドチーズをかける。

小麦粉をふると香ばしく仕上がる。

副菜1

大根のナムル

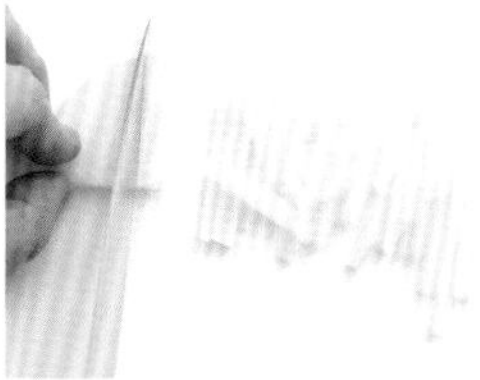

大根は3cm長さの細切りにして、カップに入れる。**A**をかける。

副菜2

ブロッコリーのマヨみそ

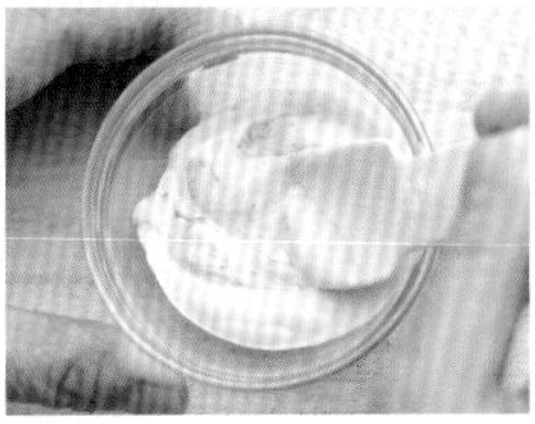

ブロッコリーは小房に分けて、カップに入れる。混ぜ合わせた**B**をかける。

しっかり混ぜてダマになるのを防ぐ。

STEP 2 冷凍する

30日保存OK

STEP 3 レンチン

ふたをクロスにして600W4分加熱

タラのカレーマヨ焼き

赤パプリカの洋風炒め
アスパラチーズ

600W
4分

マヨネーズコーティングで
さらにしっとり！
ほんのりカレー味が
食欲をそそる。

材料

主菜 タラのカレーマヨ焼き

タラ…50g
小麦粉…小さじ1/2
A マヨネーズ…小さじ2
A カレーパウダー…小さじ1/3

副菜1 赤パプリカの洋風炒め

赤パプリカ…1/8個（20g）
B オリーブオイル…小さじ1/2
B 洋風スープの素（顆粒）…1つまみ

副菜2 アスパラチーズ

アスパラガス…1本（15g）
シュレッドチーズ…小さじ1

STEP 1 詰める

主菜

タラのカレーマヨ焼き

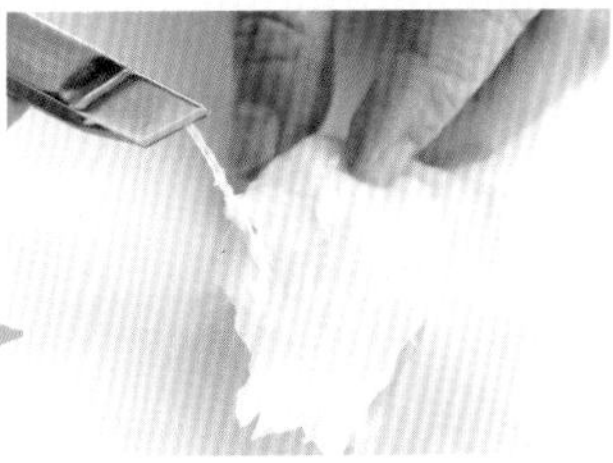

タラは塩（分量外）をふって5分ほど置き、水で洗い流し水気を拭く。骨があれば取り、2cm幅に切る。小麦粉をまぶしてコンテナに入れ、混ぜ合わせた**A**をかける。

魚苦手の原因にもなる骨はあらかじめ抜く。

副菜1

赤パプリカの洋風炒め

赤パプリカは小さめの乱切りにして、カップに入れる。**B**をかける。

副菜2

アスパラチーズ

薄く切るとピーラーいらず。

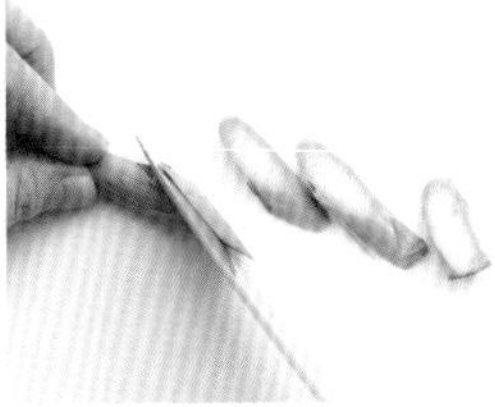

アスパラガスは斜め薄切りにして、カップに入れる。シュレッドチーズをかける。

STEP 2 冷凍する

30日保存OK

STEP 3 レンチン

ふたをクロスにして600W4分加熱

タラ

タラのバターしょうゆ
しめじとミニトマトのみそだれ
ピーマンのおかか和え

600W
4分

鉄板の
バターしょうゆ味は
みりんでほんのり
甘みをプラス。

材料

主菜 タラのバターしょうゆ

タラ…50g
小麦粉…小さじ1/2
A
- みりん…小さじ1/2
- しょうゆ…小さじ1/4
- バター…3g

副菜1 しめじとミニトマトのみそだれ

しめじ…20g
ミニトマト…1個
B
- みりん…小さじ1/2
- みそ…小さじ1/3
- 砂糖…1つまみ

副菜2 ピーマンのおかか和え

ピーマン…1/2個（20g）
C
- 砂糖…小さじ1/2
- しょうゆ…小さじ1/3
- かつおぶし…1つまみ

STEP 1 詰める

主菜 タラのバターしょうゆ

タラは塩（分量外）をふって5分ほど置き、水で洗い流し水気を拭く。骨があれば取り、1cm角に切る。小麦粉をまぶしてコンテナに入れ、**A**をかける。

副菜1 しめじとミニトマトのみそだれ

しめじは小房に分けて、カップに入れる。ミニトマトは縦に4等分に切ってのせ、混ぜ合わせた**B**をかける。

副菜2 ピーマンのおかか和え

ピーマンは小さめの乱切りにして、カップに入れる。**C**をかける。

冷凍するときに砂糖をまぶすと、さらに苦みがやわらぐ。

STEP 2 冷凍する

30日保存OK

STEP 3 レンチン

ふたをクロスにして600W4分加熱

ブリテキ
小松菜入り玉子焼き
バターポテト

600W
4分

脂ののったブリが
ソースとマッチ。
お肉感覚で
パクパク食べられる。

材料

主菜 ブリテキ

ブリ…50g
小麦粉…小さじ1/2
A［中濃ソース…小さじ1
　みりん…小さじ1/2

副菜1 小松菜入り玉子焼き

卵（Mサイズ）…1個
小松菜…5g
B［砂糖・マヨネーズ
　　…各小さじ1/3
　塩…少々

副菜2 バターポテト

冷凍ポテト（シューストリング）
…20g
バター…3g

STEP 1 詰める

主菜

ブリテキ

ブリは塩（分量外）をふって5分ほど置き、水で洗い流し水気を拭く。骨があれば取り、2㎝幅に切る。小麦粉をまぶしてコンテナに入れ、**A**をかける。

副菜1

小松菜入り玉子焼き

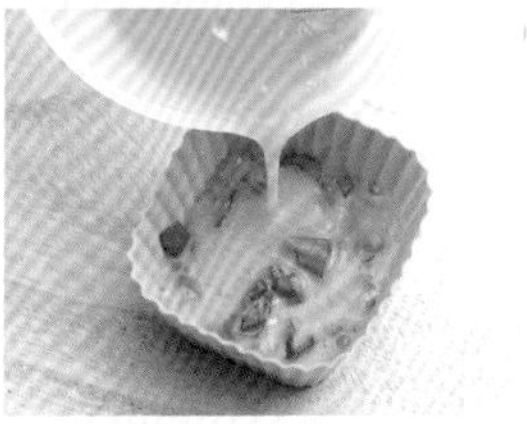

小松菜はみじん切りにして、カップに入れる。卵を溶いて**B**を混ぜ、カップの半分の高さまで注ぐ。

加熱時ふきこぼれないよう注ぐ卵液の量に注意。

副菜2

バターポテト

ポテトをカップに入れる。バターをのせる。

STEP 2 冷凍する

30日保存OK

STEP 3 レンチン

ふたをクロスにして
600W4分加熱

ブリ

ブリのオーロラソース

かぶの甘辛バター
れんこんの煮物

600W
4分

レンジでも照りが出て
濃厚な味わい。
バター風味のかぶに
思わずほっこり。

材料

主菜 **ブリのオーロラソース**

ブリ…50g
小麦粉…小さじ1/2
A マヨネーズ・ケチャップ…各小さじ1

副菜1 **かぶの甘辛バター**

かぶ…20g
B しょうゆ…小さじ1/4
砂糖…1つまみ
バター…3g

副菜2 **れんこんの煮物**

れんこん…20g
C 水…小さじ1
めんつゆ（3倍濃縮）…小さじ1/3

STEP 1 詰める

主菜

ブリのオーロラソース

ブリは塩（分量外）をふって5分ほど置き、水で洗い流し水気を拭く。骨があれば取り、2㎝角に切る。小麦粉をまぶしてコンテナに入れ、混ぜ合わせた**A**をかける。

ケチャップとマヨネーズを混ぜるときは、しっかりと。

副菜1

かぶの甘辛バター

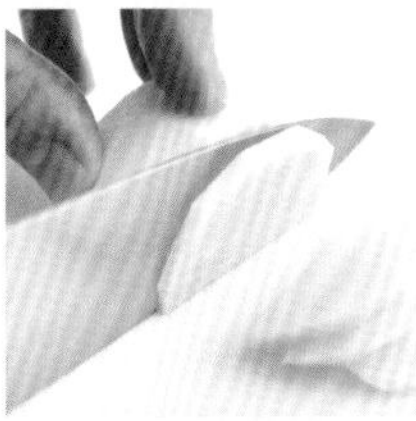

かぶは薄いいちょう切りにして、カップに入れる。**B**をかける。

副菜2

れんこんの煮物

れんこんは小さめの乱切りにして、酢少々（分量外）を加えた水にさらす。水気を切ってカップに入れ、**C**をかける。

STEP 2 冷凍する

30日保存OK

STEP 3 レンチン

ふたをクロスにして600W4分加熱

COLUMN

冷凍コンテナ幼児食 Q&A

Q ターンテーブルタイプの電子レンジでも作れる?

A コンテナを置く位置に注意。

本書はフラットタイプの電子レンジを使用していますが、ターンテーブルタイプの電子レンジでも作れます。ただし、コンテナを置く位置は注意が必要。フラットタイプは電子レンジの中央に、ターンテーブルタイプはお皿の端にコンテナを置くと、均一に熱が通ります。

フラットタイプの場合

真ん中に置く

ターンテーブルタイプの場合

お皿の端に置く

Q 同じ加熱時間で3品がなぜ同時にできるの?

A メニューごとに切り方や分量を変えています。

何度も試行錯誤を重ね、食材の切り方や分量を研究。1つのコンテナで主菜1種と副菜2種が同時においしく仕上がるよう制作しています。厚みのある肉は薄く切ったり、加熱でかさが減り味が濃く感じやすい葉物は多く詰めるなど、食材ごとにレシピを変えています。

熱の通りが均一になるよう薄く切る

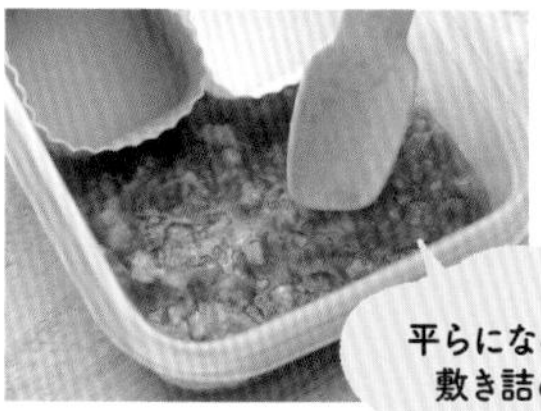
平らになるよう敷き詰める

Q 副菜に苦手な野菜が入っています。

A 副菜は入れ替えOK。お気に入りを見つけて。

本書で紹介している副菜の加熱時間はすべて4分。子どもが好きな野菜や、その日の余りものを考え、副菜を2つ選んで自由に組み合わせることができます。子どもの食欲をそそるには見た目も大切なので、彩り野菜を1つ選ぶのがおすすめです。

Q きちんと火が通っているか心配…。

A 余熱を使って様子見をして。

準備段階で火を使わない「冷凍コンテナ幼児食」。特に肉は火が通っているか心配なはず。まずは、加熱後すぐに余熱を使ってタレとなじませて。それでも少し肉が赤い場合は、シリコンカップを抜いてから、20秒ごと再度加熱をして調整しましょう。

熱いうちにタレを絡める

しばらく混ぜると肉に火が通る。もし、肉が赤いままなら再加熱を

Q 1つのコンテナに材料を2倍量入れて作ってもいい?

A コンテナ1つで1食分を制作。

「冷凍コンテナ幼児食」はコンテナの大きさや食材の加熱時間など1食分を想定して開発しています。できあがりの味に差が生じたり、加熱ムラが起こる心配があるため、1コンテナ1食分で作りましょう。2食分作る場合は、コンテナを2つご用意ください。

PART 6

いざという時のお役立ち

ごはん・麺の単品完結メニュー

数分で食卓に出せるごはん・麺ものは、
子どもの急な「お腹すいたコール」にも対応できる心強い味方です。
冷凍下味効果でタレが具材に染み込み、苦手な野菜もいつの間にか完食。
レンチンでかさが減り、たっぷりの野菜と肉が一緒にとれる栄養満点メニューです。

豆腐クリームドリア

600W
4分

加熱後
混ぜる

小麦粉不使用。
豆腐のおかげで
ふわふわまろやかに。

STEP 1 詰める

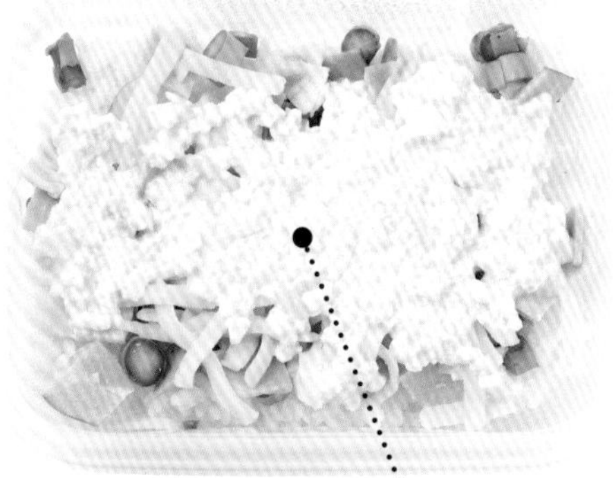

STEP 2 冷凍する
30日保存OK

STEP 3 レンチン
ふたをクロスにして
600W4分加熱
加熱後混ぜる

ごはんは平らに詰めると加熱ムラを防げる。

豆腐はキッチンペーパーで水気を拭いてから入れる。

材料

冷やごはん…80g
ハム…1枚(10g)
アスパラガス…1本(15g)
シュレッドチーズ…大さじ1

A
- 絹豆腐…30g
- 牛乳…小さじ1
- 洋風スープの素(顆粒)…1つまみ

1 冷やごはんは平たくしてコンテナに入れる。
2 アスパラガスは5㎜幅の輪切りに、ハムは1㎝角に切って、のせる。
3 混ぜ合わせた**A**をかけ、シュレッドチーズをのせる。

鯛の旨みと
彩り野菜の甘みが
凝縮。
600W
4分
加熱後
混ぜる

鯛ごはん

STEP 1 詰める

STEP 2 冷凍する

30日保存OK

STEP 3 レンチン

ふたをクロスにして
600W4分加熱
加熱後混ぜる

刺身用を使うとくさみ取りも骨を取る手間もなし。

材料

冷やごはん…80g
鯛（刺身用）…20g
にんじん…10g
さやいんげん…2本（10g）

A
- 水…小さじ1
- 白いりごま・めんつゆ（3倍濃縮）…各小さじ1/2
- 和風だしの素（顆粒）…1つまみ

ごはん

1 ごはんは平たくしてコンテナに入れ、**A**を回しかける。
2 にんじんはみじん切りにさやいんげんは5mm幅の輪切りにして、のせる。
3 鯛は1cm角に切ってのせる。

ガパオライス

600W
4分

加熱後
混ぜる

大葉があれば
身近な調味料で
アジアン風に。

材料

冷やごはん…80g
鶏ひき肉…20g
赤パプリカ…1/8個（20g）
大葉…1枚

A
- 酒・みりん…各小さじ1
- しょうゆ・オイスターソース…各小さじ1/2

STEP 1 詰める

1 ごはんは平たくしてコンテナに入れ、**A**を回しかける。
2 みじん切りにしたパプリカと大葉、鶏ひき肉を平たくなるようにのせる。

STEP 2 冷凍する 14日保存OK

STEP 3 レンチン ふたをクロスにして
600W4分加熱
加熱後混ぜる

しらすチャーハン

600W
4分

加熱後
混ぜる

レンチンだから
チャーハンもしっとり
食べやすい。

材料

冷やごはん…80g
しらす…10g
黄パプリカ…1/8個（20g）
小松菜…1枚（10g）

A
- ごま油・水…各小さじ1
- 鶏ガラスープの素（顆粒）…1つまみ
- 塩…少々

STEP 1 詰める

1 ごはんは平たくしてコンテナに入れ、**A**を回しかける。
2 みじん切りにしたパプリカと小松菜、しらすをかける。

STEP 2 冷凍する 30日保存OK

STEP 3 レンチン ふたをクロスにして
600W4分加熱
加熱後混ぜる

ナポリタンうどん

600W
5分

加熱後
混ぜる

大好きなケチャップ味。
バターで風味豊かに。

材料

ゆでうどん…1/2玉（90〜100g）
ハム…1枚（10g）
ピーマン…1/4個（10g）
しめじ…10g
バター…3g
A
- 水…大さじ2
- ケチャップ…小さじ2
- 砂糖・洋風スープの素（顆粒）…各小さじ1/3

キッチンばさみを
使うと便利。

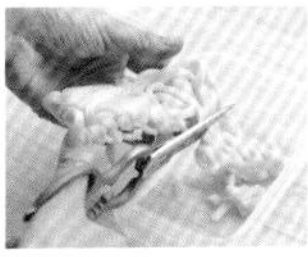

STEP 1 詰める

1. うどんは1〜2㎝長さに切ってコンテナに入れ、混ぜ合わせた**A**をかける。
2. しめじは1㎝長さに、ピーマンとハムは2㎝長さの細切りにして入れる。
3. バターをのせる。

STEP 2 冷凍する 30日保存OK

STEP 3 レンチン ふたをクロスにして
600W5分加熱
加熱後混ぜる

材料

ゆでうどん…1/2玉（90〜100g）
さやいんげん…2本（10g）
にんじん…10g
A
- 卵（Mサイズ）…1/2個
- 水…大さじ4
- めんつゆ（3倍濃縮）…小さじ1

STEP 1 詰める

1. うどんは1〜2㎝長さに切ってコンテナに入れ、混ぜ合わせた**A**をかける。
2. さやいんげんは5㎜幅の輪切り、にんじんは薄いいちょう切りにして入れる。

STEP 2 冷凍する 30日保存OK

STEP 3 レンチン ふたをクロスにして
600W5分加熱
加熱後混ぜる

卵とじうどん

600W
5分

加熱後
混ぜる

ふわっと玉子が
麺に絡んで
食べやすい。

焼きうどん

600W 5分　加熱後混ぜる

めんつゆベースで
子ども好みの
やさしい甘さに。

材料
- ゆでうどん…½玉（90〜100g）
- ソーセージ…1本（15g）
- キャベツ…10g
- しめじ…10g
- A
  - 水…大さじ1
  - めんつゆ（3倍濃縮）…小さじ1
  - サラダ油…小さじ½
  - 砂糖…1つまみ

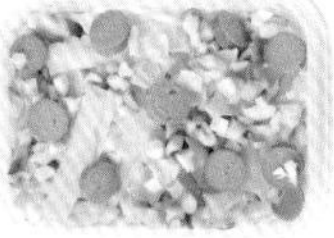

STEP 1 詰める

1 うどんは1〜2cm長さに切ってコンテナに入れ、混ぜ合わせた**A**をかける。
2 キャベツは1cm幅に切り、しめじはみじん切り、ソーセージは5mm幅の輪切りにしてのせる。

STEP 2 冷凍する　30日保存OK

STEP 3 レンチン　ふたをクロスにして
600W5分加熱
加熱後混ぜる

きつねうどん

600W 5分　加熱後混ぜる

もっちり麺と
ジューシー油揚げが
ベストマッチ。

材料
- ゆでうどん…½玉（90〜100g）
- 油揚げ…½枚（10g）
- 小松菜…10g
- にんじん…10g
- A
  - 水…100mℓ
  - しょうゆ・みりん…各小さじ2

STEP 1 詰める

1 うどんは1〜2cm長さに切ってコンテナに入れ、**A**をかける。
2 小松菜は2cm長さに切り、にんじんは細切りにして入れる。
3 油揚げは軽くペーパーで表面の油をふき取る。縦半分に切ってから、5mm幅に切ってのせる。

STEP 2 冷凍する　30日保存OK

STEP 3 レンチン　ふたをクロスにして
600W5分加熱
加熱後混ぜる

だし風味の和風混ぜそば

600W 4分
加熱後混ぜる

お肉も野菜もたっぷりで、食べ応えバッチリ!

材料

中華蒸し麺…1/2玉（80g）
豚こま切れ肉…20g
玉ねぎ…10g
ピーマン…1/4個（10g）
A ┌ めんつゆ（3倍濃縮）・水…各小さじ1
　 └ 和風だしの素（顆粒）…小さじ1/3

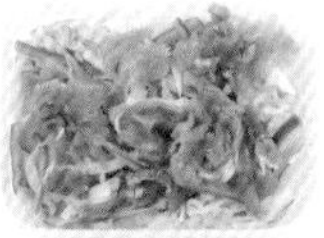

STEP 1 詰める

1 中華麺は1〜2㎝長さに切ってコンテナに入れ、**A**をかける。
2 玉ねぎは長さを半分にしてから薄切りに、ピーマンは2㎝長さの細切りにして入れる。
3 豚肉を重ならないようにのせる。

STEP 2 冷凍する 30日保存OK

STEP 3 レンチン ふたをクロスにして
600W4分加熱
加熱後混ぜる

ジャージャー麺

600W 4分
加熱後混ぜる

材料

中華蒸し麺…1/2玉（80g）
鶏ひき肉…20g
れんこん…10g
小松菜…10g
A ┌ しょうゆ・水…各小さじ1
　 │ 白すりごま…小さじ1/2
　 └ みそ・ごま油…各小さじ1/3

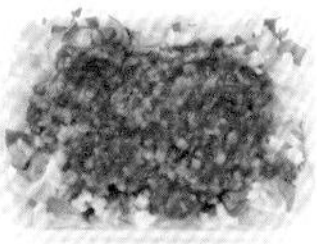

STEP 1 詰める

1 中華麺は1〜2㎝長さに切り、小松菜はみじん切りにして、コンテナに入れる。
2 れんこんはみじん切りにして、酢少々（分量外）を加えた水にさらす。水気を切って入れる。
3 鶏ひき肉と**A**を混ぜてからのせる。

STEP 2 冷凍する 14日保存OK

STEP 3 レンチン ふたをクロスにして
600W4分加熱
加熱後混ぜる

鶏ひき肉であっさりと。れんこんの食感も楽しい。

ホタテの塩焼きそば

600W 4分　加熱後混ぜる

冷凍下味効果で
ホタテのだしが
麺にしみしみ。

材料

中華蒸し麺…1/2玉（80g）
ホタテ（缶詰）…20g
赤パプリカ…10g
黄パプリカ…10g
A ［ホタテの缶汁…小さじ2
　 塩・鶏ガラスープの素（顆粒）
　 …各1つまみ

STEP 1 詰める

1 中華麺は1〜2㎝長さに切ってコンテナに入れ、**A**をかける。
2 パプリカは2㎝長さの細切りにして入れる。
3 ホタテをほぐしてのせる。

STEP 2 冷凍する　30日保存OK

STEP 3 レンチン　ふたをクロスにして
600W4分加熱
加熱後混ぜる

ソース焼きそば

600W 4分　加熱後混ぜる

材料

中華蒸し麺…1/2玉（80g）
ハム…1枚（10g）
キャベツ…10g
にんじん…10g
A ［みりん・中濃ソース・水…各小さじ1
　 しょうゆ…小さじ1/2

STEP 1 詰める

1 中華麺は1〜2㎝長さに切ってコンテナに入れ、**A**をかける。
2 キャベツとにんじん、ハムは2㎝長さの細切りにして入れる。

STEP 2 冷凍する　30日保存OK

STEP 3 レンチン　ふたをクロスにして
600W4分加熱
加熱後混ぜる

レンチンなら
ノンオイルで
作れる。

もっちり仕上がるから
子どもも食べやすい。

ミートソーススパゲッティ

600W
6分

加熱後
混ぜる

STEP 1 詰める

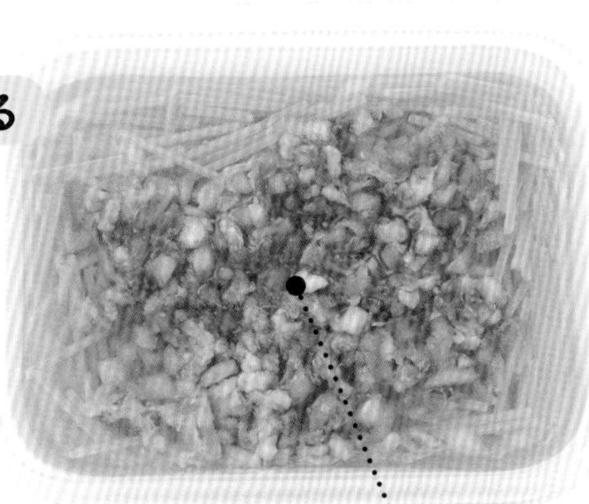

STEP 2 冷凍する

14日保存OK

STEP 3 レンチン

ふたをクロスにして
600W6分加熱
加熱後混ぜる

材料

早茹でスパゲッティ
（1.6㎜：3分茹で）…30g
豚ひき肉…20g
玉ねぎ…20g

A
- 水…100㎖
- オリーブオイル…小さじ½

B
- ケチャップ…小さじ1
- 砂糖・洋風スープの素（顆粒）…各小さじ½

早ゆでタイプを使用！

チャック付きポリ袋に入れて折ると飛び散らない。

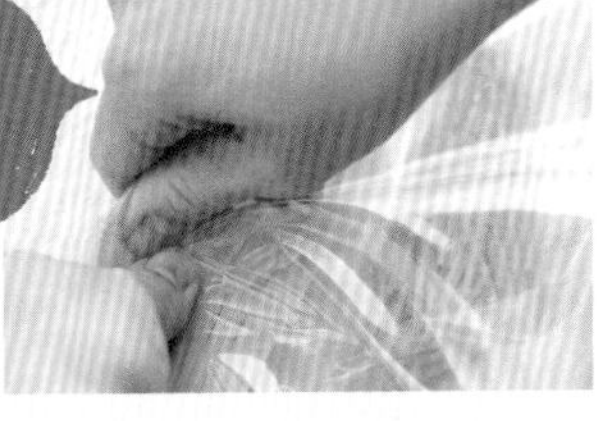

1 スパゲッティは3㎝程度の長さに折って、コンテナに入れる。
2 **A**を入れて、スパゲッティとなじませる。
3 みじん切りにした玉ねぎと豚ひき肉、**B**を混ぜ合わせる。平らになるようにのせる。

パスタ

カニカマの旨みと
えのきのとろみで
完食。

バターしょうゆスパゲッティ

600W
6分

加熱後
混ぜる

STEP 1 詰める

STEP 2 冷凍する

30日保存OK

STEP 3 レンチン

ふたをクロスにして
600W6分加熱
加熱後混ぜる

材料

早茹でスパゲッティ
（1.6㎜：3分茹で）…30g
カニカマ…2本（15g）
えのきたけ…10g
さやいんげん…2本（10g）
バター…3g

A
水…100㎖
みりん…小さじ1
しょうゆ・鶏ガラスープの素（顆粒）・オリーブオイル…各小さじ½

1 スパゲッティは3㎝程度の長さに折って、コンテナに入れる。
2 **A**を入れて、スパゲッティとなじませる。
3 えのきたけとさやいんげんは2㎝長さ、カニカマは1㎝幅に切って入れる。
4 バターをのせる。

ツナコーンクリームペンネ

細かく切る
手間が省ける
ペンネを使用。

600W
6分

加熱後
混ぜる

材料

早茹でペンネ…30g（3分茹で）
ツナ（缶詰：ノンオイル）…20g
ブロッコリー…20g
しめじ…10g

A
- 水…100㎖
- コーンクリーム（缶詰）…大さじ2
- オリーブオイル…小さじ1/2
- 洋風スープの素（顆粒）…1つまみ

早ゆでタイプを使用！

早ゆで3分

STEP 1 詰める

1 ペンネをコンテナに入れ、**A**を入れてなじませる。
2 ブロッコリーは小房に分け、しめじは1㎝長さに切って入れる。
3 ツナの汁気を切ってのせる。

STEP 2 冷凍する

30日保存OK

STEP 3 レンチン

ふたをクロスにして
600W6分加熱
加熱後混ぜる

なすチーズペンネ

600W
6分

加熱後
混ぜる

クリームチーズの
おかげで爽やか＆
時短ソースが完成。

材料

早茹でペンネ…30g（3分茹で）
ベーコン…1/2枚（8g）
なす…20g
赤パプリカ…1/8個（20g）
クリームチーズ…10g

A
- 水…100㎖
- オリーブオイル…小さじ1/2
- 洋風スープの素（顆粒）…1つまみ

STEP 1 詰める

1 ペンネをコンテナに入れ、**A**を入れてなじませる。
2 なすは皮をむいて半月切りにして、塩少々（分量外）を加えた水にさらす。水気を切ってから入れる。
3 赤パプリカは小さめの乱切りに、ベーコンは1㎝角に切って入れる。
4 クリームチーズをのせる。

STEP 2 冷凍する

30日保存OK

STEP 3 レンチン

ふたをクロスにして
600W6分加熱
加熱後混ぜる

電子レンジ加熱時間一覧表&食材別INDEX

鶏肉

鶏そぼろ (P30)

600W 4分

鶏つくね (P32)

600W 4分

チーズ鶏だんご (P34)

600W 4分

鶏と玉ねぎの甘辛煮 (P36)

600W 4分

照り焼きチキン (P38)

600W 4分

鶏のピザ風 (P40)

600W 4分

ネギ塩チキン (P42)

600W 4分

ガパオライス (P86)

600W 4分

ジャージャー麺 (P89)

600W 4分

豚肉

豚肉の甘みそ炒め (P18)

600W 4分

中華ポーク (P24)

600W 4分

豚肉うどん (P28)
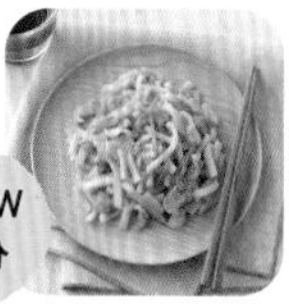
600W 5分

ピーマンの肉詰め (P46)

600W 4分

豆腐ハンバーグ (P48)

600W 4分

豚肉のチーズロール (P50)

600W 4分

メープルポーク (P52)

600W 4分

豚肉のコーンクリーム煮 (P54)

600W 4分

豚肉のマリネ焼き (P56)

600W 4分

だし風味の和風混ぜそば (P89)

600W 4分

ミートソーススパゲッティ (P91)

600W 6分

牛肉

牛肉のポテト巻き (P60)

600W 4分

牛肉野菜のごま炒め (P62)

600W 4分

チンジャオロースー (P64)

600W 4分

牛肉と大根のすき煮 (P66)

600W 4分

加工品

クリームチーズうどん (P22)

600W 5分

豆腐クリームドリア (P84)

600W 4分

ナポリタンうどん (P87)

600W 5分

焼きうどん (P88)

600W 5分

ソース焼きそば (P90)

600W 4分

バターしょうゆスパゲッティ (P92)

600W 6分

なすチーズペンネ (P93)

600W 6分

魚介類

メカジキの磯辺焼き (P20)

600W 4分

カジキのソテー (P26)

600W 4分

鮭のトマト蒸し (P70)

600W 4分

鮭のチーズムニエル (P72)

600W 4分

電子レンジ加熱時間は600Wを基準にレシピ制作しています。
500Wの場合は1.2倍、700Wの場合は0.85倍を目安に微調整してください。

加熱時間のチェックはもちろん、子どもに作って欲しいメニューを指さしてもらったりと
何かと役立つリストです。コピーして電子レンジのそばに貼ってください。

タラのカレーマヨ焼き (P74)

600W **4分**

タラのバターしょうゆ (P76)

600W **4分**

ブリテキ (P78)

600W **4分**

ブリのオーロラソース (P80)

600W **4分**

鯛ごはん (P85)

600W **4分**

しらすチャーハン (P86)

600W **4分**

ホタテの塩焼きそば (P90)

600W **4分**

ツナコーンクリームペンネ (P93)

600W **6分**

その他

卵とじうどん (P87)

600W **5分**

きつねうどん (P88)

600W **5分**

副菜

アスパラガス

- P52 アスパラガスの洋風煮 600W **4分**
- P74 アスパラチーズ 600W **4分**

かぼちゃ

- P24 かぼちゃのおかか煮 600W **4分**
- P26 かぼちゃのチーズ焼き 600W **4分**
- P36 かぼちゃのマヨ焼き 600W **4分**

かぶ

- P50 かぶのコロコロ煮 600W **4分**
- P62 かぶのレモンピクルス 600W **4分**
- P80 かぶの甘辛バター 600W **4分**

カリフラワー

- P56 カリフラワーの塩バター 600W **4分**
- P60 カリフラワーのマヨカレー 600W **4分**

キャベツ

- P40 キャベツのナムル 600W **4分**
- P52 キャベツのごま和え 600W **4分**
- P70 キャベツの塩昆布和え 600W **4分**

小松菜

- P78 小松菜入り玉子焼き 600W **4分**

さつまいも

- P30 大学いも 600W **4分**
- P48 さつまいものバターがらめ 600W **4分**
- P50 さつまいものカレー風味 600W **4分**

さやいんげん

- P18 さやいんげんのマヨごま和え 600W **4分**
- P36 さやいんげんのおかかバター 600W **4分**
- P48 塩蒸しさやいんげん 600W **4分**

しめじ

- P18 しめじのバターしょうゆ 600W **4分**
- P76 しめじとミニトマトのみそだれ 600W **4分**

じゃがいも

- P46 のり塩ポテト 600W **4分**
- P78 バターポテト 600W **4分**

大根

- P32 大根の中華スティック煮 600W **4分**
- P42 大根とミニトマトのマリネ 600W **4分**
- P72 大根のナムル 600W **4分**

トマト

- P38 トマト入り玉子焼き 600W **4分**
- P42 大根とミニトマトのマリネ 600W **4分**
- P76 しめじとミニトマトのみそだれ 600W **4分**

長芋

- P54 長芋のバターしょうゆ 600W **4分**
- P64 長芋のごま塩炒め 600W **4分**

なす

- P34 なすのやわらか煮 600W **4分**
- P38 なすのごまみそ焼き 600W **4分**
- P66 なすの照り焼き 600W **4分**

にんじん

- P20 にんじんのだししょうゆ 600W **4分**
- P24 にんじんのメープルごま和え 600W **4分**
- P40 にんじんグラッセ 600W **4分**
- P64 にんじんのスティック煮 600W **4分**

ネギ

- P34 ネギ入り出汁の玉子焼き 600W **4分**

白菜

- P20 白菜のめんつゆバター 600W **4分**
- P30 白菜の中華煮 600W **4分**
- P42 白菜の煮浸し 600W **4分**

パプリカ

- P26 赤パプリカのきんぴら 600W **4分**
- P56 赤パプリカのだし煮 600W **4分**
- P66 黄パプリカのカレー炒め 600W **4分**
- P70 黄パプリカのバターソテー 600W **4分**
- P74 赤パプリカの洋風炒め 600W **4分**

ピーマン

- P54 ピーマンのチーズ焼き 600W **4分**
- P60 みそピーマン 600W **4分**
- P76 ピーマンのおかか和え 600W **4分**

ブロッコリー

- P32 ブロッコリーのおかかしょうゆ 600W **4分**
- P62 ブロッコリーの中華風 600W **4分**
- P72 ブロッコリーのマヨみそ 600W **4分**

れんこん

- P46 れんこんの中華炒め 600W **4分**
- P80 れんこんの煮物 600W **4分**

ろこ

時短料理研究家、野菜ソムリエ、フードコーディネーター。2021年春まで大手家事代行サービスにて予約の取れない家政婦として活躍。現在も個人で訪問調理の仕事を続けながら、時短料理研究家としてテレビや雑誌で活躍中。毎日の料理に使える時短術を盛り込んだ料理テクニックに定評がある。自身のインスタグラムでは日々のお弁当や料理、愛猫の様子を投稿している。書籍『冷凍コンテナごはん®』シリーズは17万部超え。コンテナの女王として、多くの方々から支持され、今もっとも注目される料理研究家のひとりに。自身のSNSにて情報も発信している。

インスタグラム
アカウント
@roco1230

Twitter
アカウント
@rorococo1230

Amebaブログ
https://ameblo.jp/roco1230/

とと&ねね

切って冷凍、あとはチン
冷凍コンテナ幼児食

2023年2月20日　第1刷発行

STAFF
装丁・デザイン　蓮尾真沙子（tri）
写真　合田和弘
スタイリング　山本了子
取材・文　神島由布子
イラスト　山中玲奈
DTP　天龍社
校正　ペーパーハウス

著　者　ろこ

発行者　河地尚之

発行所　一般社団法人　家の光協会
〒162-8448
東京都新宿区市谷船河原町11
電話　03-3266-9029（販売）
　　　03-3266-9028（編集）
振替　00150-1-4724

印刷・製本　図書印刷株式会社

ISBN978-4-259- 56752-1 C0077